MW01174540

Une colère noire

Ta-Nehisi
COATES

Une colère noire

Lettres à mon fils

Traduit de l'anglais (États-Unis)
par Thomas Chaumont

Préface d'Alain MABANCKOU

E S S A I

Les notes en bas de page sont celles des auteurs, celles en fin d'ouvrage du traducteur.

Lettre à mon « frère » d'Amérique

Par Alain Mabanckou

Cher Ta-Nehisi Coates,

Nous sommes semblables par la couleur de peau, mais éloignés par l'Histoire. Le premier constat est une évidence : notre couleur est ce qu'on voit de prime abord. Le second recommande en revanche une lecture plus attentive car, même si nous avons l'Afrique comme racines, le « déplacement » lugubre dont vous avez été la victime vous a obligé à forger une autre culture dans un autre territoire où, chaque jour vous devriez lutter pour être considéré comme un être humain.

Oui, vous êtes un Noir d'Amérique – ceux qu'on appelle maintenant « Africain-Américain » –, je suis un Africain, je suis aussi un « Noir de France » et je vis désormais en Amérique.

Fruit d'un voyage funeste – la traite négrière –, l'Africain-Américain veut reconstituer le parcours de cette traversée qui le catapulta de l'Afrique aux champs de coton dans lesquels on entendait s'élever des refrains de gospel entrecoupés de coups de fouets et d'aboiements de chiens de garde. Il n'a pas oublié ses désirs de rébellion, sa jambe

7

coupée, la corde et le regard méprisant des maîtres blancs qui le traitaient comme un animal sauvage. Il avait donc échoué dans une contrée qui n'était pas la sienne, le nouveau continent. Cette « terre d'accueil » l'avait réduit à un statut si humiliant qu'il ne participait pas aux décisions de cette nation pourtant multiraciale, mais dirigée par une seule race.

De l'autre côté, moi l'Africain je n'étais pas pour autant libre dans mon continent. Il y avait la présence du colonisateur qui prétendait être investi d'une mission de civilisation. Il devait apporter les Lumières aux barbares, à nous autres qui, pour reprendre les termes d'Aimé Césaire dans *Le Cahier d'un retour au pays natal*, n'avions rien inventé, « ni la poudre ni la boussole », à nous autres qui n'avions jamais « su dompter la vapeur ni l'électricité », à nous autres qui n'avions exploré « ni les mers ni le ciel ». Or nous voulions changer notre terre, notre « pays réel », dessaisir le colonisateur du pouvoir de décider à notre place puisque lorsque la chèvre est là il ne faut surtout pas bêler à sa place. Nous voulions par conséquent mettre fin à l'exploitation des richesses de nos terres, au mépris de nos cultures, de nos croyances et surtout de notre propre histoire qui restait à écrire, nos ancêtres n'étant pas les Gaulois mais les rois Makoko, Loango, les héros et héroïnes Shaka Zulu, Kimpa Vita, Samory Touré, etc. C'était un combat d'émancipation de nos nations, de reconquête de notre autonomie et de l'affirmation de notre identité...

Vous et moi avions de ce fait emprunté deux « directions » différentes, mais avec la même idée en tête : l'urgence de devenir des êtres libres.

Vous aviez demandé des comptes à l'Amérique blanche depuis l'entre-deux-guerres avec le mouvement de la « Renaissance de Harlem » qui valorisait la culture afro-américaine portée par des figures de premier plan comme W. E. B. Du Bois, Langston Hughes, Richard Wright, Zora Neale Hurston, ou encore Duke Ellington, Count Basie, Louis Armstrong ; nous avions fait de même, en Europe, dans les années 1930, avec le mouvement de la Négritude lancé par Léopold Sédar Senghor, Léon-Gontran Damas et Aimé Césaire. Les « Noirs de France » d'alors avaient même rencontré en 1956, à la Sorbonne, les plus grands intellectuels et écrivains noirs américains venus pour le « premier congrès des écrivains et artistes noirs », congrès qui se déroula à la Sorbonne, dans le célèbre amphithéâtre Descartes qui accueillit, en 1948, la Déclaration universelle des droits de l'homme. Un premier moment de dialogue entre nous ? Oui, mais le constat était là, évident : il y avait quelque chose qui nous éloignait. L'Africain s'acharnait à chasser le colon, le Noir américain luttait pour être reconnu comme un citoyen à part entière en Amérique. Le Noir américain et l'Africain étaient des étrangers l'un à l'autre, et peut-être le demeureront-ils éternellement. L'Africain a en effet *une idée certaine* de l'Afrique et, en cela, il a tendance à réclamer le monopole de la source, une source dans laquelle, d'après lui, tous les lamantins éloignés reviendraient boire. À l'opposé le Noir américain a plutôt *une certaine idée* de l'Afrique fondée sur le mythe, sur des héros aux noms magiques arrachés du continent et jetés dans la mer pendant la « traversée ». Et ce « passé d'esclave » est souvent érigé en élément constitutif de « l'identité noire américaine », bien au-delà de l'appartenance à la nation américaine. Nous autres Noirs de France ne pouvons revendiquer ce passé, et nous recherchons encore ce qui pourrait définir notre lutte collective au-delà du fait que nous venons tous d'Afrique...

Je vis depuis le début des années 2000 en Amérique où j'ai assisté avec euphorie à l'élection historique de Barack Obama à la Maison-Blanche en 2008, puis à sa réélection quatre années plus tard. J'ai constaté comment certains Africains américains reprochaient à ce métis de ne pas avoir un « passé d'esclave », sorte de brevet qui aurait justifié son appartenance à la « communauté », celle-là même qui attendait l'avènement d'un « vrai Africain-Américain » au pouvoir, et il ne pouvait être incarné par ce Barack Obama dont la mère avait plutôt des origines irlandaises et le père venait du Kenya. L'Amérique conservatrice, encore sonnée par la victoire historique d'un « non-Blanc » à la présidence du pays doutait elle aussi de l'« américanité » de ce personnage au charisme indubitable, allant jusqu'à mettre en cause sa naissance à Honolulu, dans l'État d'Hawaï.

Votre livre, *Une colère noire*, paraît désormais en France. Cette lettre que vous adressez à votre fils adolescent émut une bonne partie de l'Amérique, un pays qui, ces derniers temps, traverse des turbulences sociales marquées par des bavures policières contre les Africains-Américains ou des tragédies à caractère raciste comme le massacre perpétré le 17 juin 2015 par Dylan Roof, un partisan de la « suprématie blanche », dans une église noire de Charleston, en Caroline du Nord. Neuf personnes périrent, laissant le pays dans la stupeur, et ce drame apparaissait alors comme une conséquence de la « faillite » de la politique de Barack Obama sur la « question raciale » aux États-Unis...

À la sortie de *Colère noire* aux États-Unis, Toni Morrison déclara que vous combliez désormais « le vide intellectuel » qu'elle ressentait depuis la mort de James Baldwin, romancier que je considère comme le plus grand théoricien des droits civiques aux États-Unis. Je lui avais « adressé » une lettre en 2007[1] à l'occasion du vingtième anniversaire de sa disparition en France où il s'était installé dès 1948, révolté contre la ségrégation raciale et la haine des homosexuels, dans ce même pays que vous scrutez désormais avec une acuité et une justesse singulières.

Oui, vous observez l'Amérique d'aujourd'hui avec la lucidité de Baldwin, et votre lettre, à cet égard, n'est pas éloignée de celle que votre « aîné » spirituel adressa à son neveu dans l'ouverture de *La prochaine fois, le feu*, brûlot qu'il commit en 1963 et devenu un classique dans la compréhension des rapports entre les « races » en Amérique. Vous apportez une modernité et une fraîcheur de regard qui remettent en selle les grands principes civiques que notre époque semble de plus en plus gommer. Qu'est-ce qu'un Africain-Américain de nos jours ? En quoi l'histoire de la haine et de la violence en Amérique est-elle intimement liée à la communauté noire, tantôt actrice de ces affrontements, mais le plus souvent victime expiatoire d'un système politique

---

1. *Lettre à Jimmy*, Fayard, 2007; Point-Seuil, 2008.

fondé sur l'hégémonie d'une classe au détriment des « minorités » qui ont pourtant toutes contribué, et contribuent toujours, à façonner le nouveau visage du pays, se sacrifiant au nom de ses intérêts et de son rayonnement dans le monde ?

Une colère noire remet sur la table la question de la « race » en Amérique par le biais de votre parcours personnel, celui d'un gamin des quartiers populaires de West Baltimore dans les années 1980. Cette approche personnelle a le mérite de ne pas tomber dans l'écueil de ces analyses trop généralistes. Et, curieusement, la peur qui vous animait alors n'était pas celle du Blanc mais celle des autres Noirs qui vous menaçaient, vous battaient. Vous alliez comprendre bien plus tard que ces gamins n'étaient en réalité que le produit du « racisme blanc » – une manière de signifier que le racisme est forcément une fabrication.

Aux États-Unis, j'ai en permanence le sentiment que je ne serai jamais intégré dans la communauté noire américaine. Si on m'appelle « frère » – ce qui me fait évidemment plaisir, et je sais que c'est simplement à cause de la couleur de ma peau –, on me fait comprendre clairement qu'il y a des choses que je ne pourrai pas saisir. Parce que je ne peux revendiquer votre passé de la captivité. Parce qu'il se pourrait que certains de mes ancêtres aient comploté avec le Blanc durant cette période douloureuse. Je suis aimé, adulé comme le frère des « racines », mais je suis aussi perçu comme une des sources des problèmes de cette communauté. C'est en cela qu'*Une colère noire* me parle particulièrement...

Transposé dans la réalité française, votre ouvrage nous apprend beaucoup de choses et pourrait contribuer à traiter autrement le débat sur l'acceptation de l'Autre. L'obsession de la « classification » des individus, « normale » en Amérique, tomberait en France sous le coup de la violation de l'article 1 de la Constitution qui pose clairement les règles du jeu : la France est « *une République indivisible, laïque, démocratique et sociale* » et, mieux encore, elle « *assure l'égalité devant la loi de tous les citoyens sans distinction d'origine, de race ou de religion...* »

Certes le mot « race » utilisé dans le débat américain n'a pas le même écho dans mon pays d'adoption, la France, qui n'a pas encore réglé les conséquences de son passé colonial. Il est urgent que la France combatte systématiquement une certaine conception rétrograde de la composition de sa population, cette conception qui a fait dire à certaines personnalités politiques de la droite que la France est « un pays judéo-chrétien de race blanche qui accueille des personnes étrangères... »

Au fond, en France, à la différence de votre pays, il y a comme une crispation lorsque la « couleur » est au cœur du débat. L'imaginaire occidental est alors ballotté entre le sentiment de la repentance tel que décrit par le philosophe et essayiste Pascal Bruckner dans son *Sanglot de l'homme blanc*, et la gêne que pourrait engendrer la déconstruction de l'inconscient colonial sur la place publique. Parler de la couleur c'est inéluctablement évoquer les pages sombres de l'Histoire de France dans laquelle les Noirs attendent encore qu'on leur consacre des épisodes à la hauteur de leur apport quant à la construction de la nation française. Dans l'esprit de beaucoup de conservateurs, reconnaître cet apport serait amoindrir la grandeur d'une Nation qui a toujours pensé se suffire à elle-même. La classe politique française n'échappe pas à ce dilemme et se dédouane le plus souvent en pointant du doigt l'extrême droite ou l'aile de la droite qualifiée de « dure », prompte à aller à la pêche des voix des Français les plus désespérés en leur expliquant que l'Autre est la cause de leurs malheurs. Ici, comme chez vous d'ailleurs, les réactions des politiques sont par conséquent tributaires des enjeux électoraux, et surtout de l'air du temps...

Une colère noire arrive à un moment où en France quelques voix veulent nous persuader que le raciste devient un « résistant », un « courageux » face à la pensée unique. Grave erreur ! Nous l'avons fabriqué de toutes pièces, ce raciste, le laissant impunément parader dans les allées de la courtoisie et de la tolérance sous couvert d'une certaine liberté d'expression. Il trouve aujourd'hui un terrain fertile, propage sa haine et se terre derrière les principes abstraits qui sont censés être le socle de la Nation française.

Il ne s'agit pas de taxer quiconque de raciste parce qu'on aurait eu une dispute et qu'on n'aurait pas la même couleur de peau. Il existe aussi un « racisme » et des violences entre Noirs – et vous l'avez vécu dans votre enfance –, il suffit de regarder par exemple comment sont traités certains Haïtiens dans les départements français d'outre-mer ou encore la condition pitoyable des Noirs dans le Maghreb, des Noirs qui sont pourtant algériens, marocains, égyptiens ou tunisiens !

Pour mieux combattre la haine, cher Ta-Nehisi Coates, j'ai toujours utilisé les deux armes qui sont en ma possession, et ce sont elles qui nous unissent, pas notre couleur de peau : la création et la liberté de penser. Elles dépassent le crétinisme du raciste parce que le raciste est incapable de créer, de penser librement, trop préoccupé à détruire. Et votre livre est une invitation au dialogue, ce dialogue qui aboutira un jour à ce que Derek Walcott appelle « la culture de la courtoisie et de l'échange »...

A.M.

Pour David et Kenyatta,
qui croyaient

*Et un matin dans les bois je trébuchai
soudain sur la chose,
Trébuchai sur elle dans une clairière
herbeuse que gardaient chênes
et ormes aux écorces pelées
Et les détails de la scène se sont levés,
plus noirs que la suie, s'interposant
entre le monde et moi...*

Richard WRIGHT

I

Ne me parle pas de martyre,
d'hommes qui meurent
pour qu'on se rappelle d'eux
un jour de paroisse.
Je ne crois pas à la mort même
si je mourrai aussi.
Et les violettes comme des castagnettes
renverront mon écho.

Sonia SANCHEZ

Fils,

Dimanche dernier, la présentatrice d'une célèbre émission d'actualité m'a demandé ce que signifiait cette expression que j'utilise souvent : « perdre mon corps ». L'émission était diffusée depuis Washington, et j'étais installé dans un autre studio, situé à Manhattan. Un satellite annulait les kilomètres qui nous séparaient, mais aucune technologie n'aurait pu combler le fossé entre nos deux mondes, le sien et celui au nom duquel j'étais invité à parler. Lorsqu'elle a posé cette question, son visage a disparu de l'écran pour faire défiler quelques phrases que j'avais publiées cette semaine-là.

Elle les a lues à l'intention des téléspectateurs, et, quand elle a eu fini, elle est revenue sur le sujet de mon corps, sans prononcer le mot pour autant. Je suis désormais habitué à ce que des personnes intelligentes m'interrogent sur mon corps sans saisir la portée de leur question. Plus précisément, la présentatrice voulait savoir pourquoi j'affirmais que le progrès de l'Amérique blanche – ou plutôt le progrès de ces Américains qui se croient blancs, de ces croyants – était fondé sur le pillage et sur la violence. En l'écoutant, j'ai senti monter en moi une tristesse ancienne, profonde et confuse. La réponse à cette question, c'est la mémoire des croyants eux-mêmes. C'est l'histoire américaine.

Il n'y a rien d'exagéré dans ce que j'écris là. Les Américains vouent un culte à la démocratie, au point qu'ils ont très peu conscience de l'avoir parfois trahie. Mais la démocratie est un Dieu miséricordieux : aucun individu, ni aucune nation, ne peut se croire immunisé contre les hérésies qu'a perpétrées l'Amérique – la torture, le vol et l'esclavage – tant elles sont répandues. En vérité, les Américains n'ont jamais trahi leur Dieu au sens strict. Lorsqu'Abraham Lincoln déclarait, en 1863, que la bataille de Gettysburg devait garantir que « le gouvernement du peuple, par le peuple et pour le peuple, ne disparaisse pas de la surface de la terre[1] », ce n'était pas un simple vœu pieux : au début de la guerre de Sécession, les États-Unis d'Amérique pouvaient s'enorgueillir d'un taux de participation électorale parmi les plus élevés au monde. La question n'est pas de savoir si Lincoln parlait réellement du « gouvernement du peuple[2] », mais plutôt de comprendre quel sens politique notre pays, au cours de son histoire, a donné au mot « peuple ». En 1863, « peuple » ne désignait ni ta mère ni ta grand-mère, ni toi ni moi. Nous ne faisions pas partie du « peuple » américain. Ainsi, le problème de l'Amérique n'est pas d'avoir trahi le « gouvernement du peuple », mais d'avoir accordé à certaines personnes et pas à d'autres le droit d'être nommées « peuple ».

Tout ceci nous mène vers un autre idéal, tout aussi important, que les Américains considèrent comme acquis sans jamais le revendiquer délibérément. Les Américains croient en la réalité de la « race » en tant que caractéristique définie et incontestable du monde naturel. Le racisme – ce besoin d'attribuer des caractéristiques physiques très précises aux individus puis de les humilier, de les asservir et de les détruire – découle inévitablement de ce postulat immuable. Ainsi, le racisme devient l'enfant innocent de mère Nature, et l'on en vient à déplorer des événements tels que le commerce triangulaire ou la déportation des Amérindiens, le Passage du milieu[3] ou la Piste des Larmes[4] comme on le ferait pour un tremblement de terre, une tornade ou tout autre phénomène dépassant le pouvoir des hommes.

La race naît du racisme, et non le contraire. La façon dont on nomme les gens n'a jamais été une affaire de généalogie ni de physiognomonie. Elle est plutôt une affaire de hiérarchie. Les différences de couleur de peau et de nature de cheveux remontent à la nuit des temps. En revanche, croire à la prééminence de la couleur de peau et de la nature des cheveux, penser que ces facteurs peuvent contribuer à l'organisation cohérente d'une société et reflètent des caractéristiques plus profondes, indélébiles : voilà l'idée nouvelle qui fonde ce nouveau peuple, qui a été conduit à croire, contre toute évidence et de manière tragique, qu'il est blanc.

Ce peuple nouveau est, comme nous, une invention récente. À l'inverse du nôtre, son nouveau nom n'a aucune signification particulière, si ce n'est qu'il est lié à une entreprise criminelle de domination. Avant d'être blancs, ces gens nouveaux étaient autre chose – ils étaient catholiques, corses, gallois, mennonites, juifs – et si notre idéologie nationale devient un jour réalité, alors ces gens changeront de nom à nouveau. Peut-être deviendront-ils vraiment américains et offriront-ils une origine plus noble à leurs mythes. Je n'en sais rien. À l'heure actuelle, il faut bien le dire : le processus d'uniformisation de tribus disparates dans une égale blancheur, l'essor de cette croyance que l'on est blanc ne se sont pas produits simplement en allant à des dégustations de vin ou à des barbecues de quartier. Ils sont le résultat d'un pillage : celui de la vie, de la liberté, du travail et de la terre. Ce pillage se manifestait par des dos fouettés à vif, des membres enchaînés, des rebelles étranglés, des familles détruites, le viol des mères, le trafic de leurs enfants, et bien d'autres choses, toutes conçues, d'abord et avant tout, pour nous confisquer, à toi et à moi, le droit de protéger et de maîtriser notre propre corps.

Ce nouveau peuple, en cela, n'est pas original. Peut-être a-t-il existé, au cours de l'histoire, une grande puissance dont l'expansion n'a pas nécessité l'exploitation violente d'autres corps humains. Si c'est le cas, je n'en ai pas connaissance. Mais la banalité de cette violence n'excusera jamais l'Amérique, parce que l'Amérique se veut différente. L'Amérique se croit exceptionnelle, elle se voit comme la nation la plus grande et la plus noble qui ait jamais existé, une héroïne solitaire protégeant la citadelle blanche et démocratique des terroristes, des despotes, des barbares et autres ennemis de la civilisation. Mais on ne peut pas en même temps prétendre être surhumain et plaider que l'erreur est humaine. Prenons au mot nos compatriotes et leurs prétentions au caractère exceptionnel de l'Amérique : essayons de soumettre notre pays à des critères moraux eux-mêmes exceptionnels. La tâche est difficile, du fait de tout un dispositif idéologique et culturel qui nous incite à prendre l'innocence de l'Amérique pour acquise et à ne pas nous poser trop de questions. Il est si facile de détourner le regard, de vivre avec les conséquences de notre histoire et d'ignorer l'infamie perpétrée en notre nom à tous. Toi et moi, nous n'avons jamais vraiment eu ce luxe. Je pense que tu le sais.

Je t'écris dans ta quinzième année. Je t'écris car cette année tu as vu Eric Gardner se faire étrangler et tuer pour avoir vendu des cigarettes ; car tu sais désormais que Renisha McBride a été abattue parce qu'elle avait appelé à l'aide, que John Crawford a été tué parce qu'il déambulait dans les rayons d'un grand magasin. Tu as vu des hommes en uniforme assassiner, de leur voiture, Tamir Rice, un enfant de douze ans qu'ils avaient juré par serment de protéger. Tu as vu des hommes dans ce même uniforme tabasser Marlene Pinnock, une grand-mère, sur le bas-côté d'une route. Et tu sais à présent – si jamais tu l'ignorais encore – que les services de police de ton pays ont été dotés du pouvoir de détruire ton corps. Peu importe que cette destruction soit le résultat d'une réaction malencontreuse et excessive. Peu importe qu'elle soit le fruit d'un malentendu. Peu importe qu'elle découle de la stupidité de certaines lois. Si tu vends des cigarettes sans en avoir l'autorisation légale, ton corps peut être détruit. Si tu manifestes de la colère contre ces gens qui essayent de l'enfermer, si tu empruntes un escalier trop sombre, ton corps peut être détruit. Les auteurs de cette destruction auront rarement des comptes à rendre. Pour la plupart, ils percevront leur retraite. Cette destruction n'est que la forme superlative d'une domination dont les prérogatives incluent la fouille, la détention, le passage à tabac et l'humiliation. Tout ceci est une histoire banale pour les Noirs. Tout ceci est de l'histoire ancienne. Personne n'est tenu responsable.

Il n'y a rien de purement diabolique chez ces exterminateurs. Pas plus que dans le monde actuel. Ces gens qui détruisent mettent tout simplement en pratique les lubies de notre pays, en interprétant au pied de la lettre son patrimoine et son héritage. Regarder cette réalité en face est douloureux. Mais notre lexique tout entier – relations interraciales, discriminations, justice raciale, profilage racial, privilège blanc[5] et même suprématie blanche – ne sert qu'à oblitérer l'expérience viscérale du racisme, le fait qu'il détruit des cerveaux, empêche de respirer, déchire des muscles, éviscère des organes, fend des os, brise des dents. Ne détourne jamais les yeux de cette réalité. Rappelle-toi toujours que la sociologie, l'histoire, l'économie, les graphiques, les tableaux, les statistiques finissent tous par s'abattre sur le corps avec une violence inouïe.

Ce dimanche-là, dans cette émission télévisée, j'ai essayé d'expliquer tout cela du mieux que je pouvais dans le temps imparti. Mais à la fin de l'interview, la journaliste a montré à la caméra la photo – très partagée sur les réseaux sociaux – d'un garçon noir de onze ans, en larmes, serrant contre lui un policier blanc. Et puis elle m'a posé cette question sur « l'espoir ». Et j'ai compris que j'avais failli. Je me suis souvenu aussi que je m'y attendais. Je me suis alors interrogé à nouveau sur cette tristesse lancinante qui m'habitait. Pourquoi étais-je triste au juste ? J'ai quitté le studio et j'ai marché un moment. C'était une journée calme de décembre. Dans la rue, il y avait des familles qui se croyaient blanches. Dans des poussettes, on promenait des bébés, éduqués pour être blancs. J'étais triste pour tous ces gens, comme j'étais triste pour la présentatrice et pour tous ces téléspectateurs qui avaient regardé l'émission en se réjouissant de ce faux espoir. J'ai compris pourquoi j'étais triste. Lorsque la journaliste m'avait posé cette question sur mon corps, c'était comme si elle m'avait demandé de l'arracher au rêve le plus merveilleux qui soit. Toute ma vie, j'ai été témoin de ce rêve. Maisons parfaites et belles pelouses. Barbecues du Memorial Day[6], associations de quartier et allées privées. Le Rêve, ce sont des cabanes dans les arbres, de gentils scouts. Le Rêve a l'odeur de la menthe et le goût d'un biscuit à la fraise. J'ai cherché pendant si longtemps à m'échapper dans le Rêve, à me blottir dans mon pays comme sous une couverture. Mais ça n'a jamais été possible : le Rêve pèse sur notre dos, il repose sur le lit de nos corps. En prenant conscience de tout cela, du fait que le Rêve perdure en parfaite opposition avec le monde connu, j'étais triste pour la présentatrice, triste pour toutes ces familles, j'étais triste pour mon pays, mais par-dessus tout, à cet instant précis, j'étais triste pour toi.

C'est la semaine où tu as appris que les assassins de Michael Brown allaient rester libres. Les hommes qui avaient abandonné son corps dans la rue, comme une preuve effrayante de leur pouvoir absolu, ne seraient jamais punis. Jamais je n'ai imaginé que quiconque serait puni. Mais toi tu étais jeune ; tu y croyais encore. Tu es resté debout jusqu'à vingt-trois heures ce soir-là, en attendant la nouvelle d'une condamnation, et lorsqu'on a annoncé qu'il n'y aurait aucune condamnation, tu as dit : « Faut que j'y aille », tu es allé te réfugier dans ta chambre, et je t'ai entendu pleurer. Je suis venu te voir cinq minutes plus tard mais je ne t'ai pas pris dans mes bras, je ne t'ai pas consolé, parce que je pensais que te consoler était une mauvaise idée. Je ne t'ai pas dit que tout se passerait bien, parce que je n'ai jamais cru que les choses se passeraient bien. Ce que je t'ai dit, c'est ce que tes grands-parents avaient toujours essayé de me dire : ceci est ton pays, ton monde, ton corps, et tu dois trouver une manière, quelle qu'elle soit, d'y vivre, de vivre avec. Je te le dis : cette question – comment vivre avec un corps noir dans un pays perdu dans le Rêve – est la question de toute ma vie, et cette quête, je l'ai compris, trouve au bout du compte sa réponse en elle-même.

Ça doit te paraître étrange. Nous vivons à une époque obsédée par les « objectifs ». Notre vocabulaire médiatique est plein de scoops, de grandes idées, de grandes théories sur tous les

sujets. Mais j'ai rejeté il y a déjà longtemps toute forme de pensée magique. Ce rejet, c'est le cadeau que m'ont fait tes grands-parents, eux qui ne m'ont jamais consolé avec l'idée d'un quelconque au-delà et doutaient de la gloire prédestinée de l'Amérique. En acceptant à la fois le chaos de l'histoire et l'idée de ma finitude, j'ai pu me demander librement comment je souhaitais vivre – plus exactement, je me suis demandé comment il était possible de vivre libre dans ce corps noir. C'est une question profonde, parce que l'Amérique se perçoit comme l'œuvre de Dieu, mais le corps noir est la preuve manifeste qu'elle n'est que la création de l'homme. Cette question a hanté toutes mes lectures, tous mes écrits, la musique que j'écoutais quand j'étais jeune, les discussions enflammées que j'avais avec ton grand-père, avec ta mère, ta tante Janai, ton oncle Ben. J'ai cherché des réponses à cette question dans le mythe nationaliste, dans des salles de classe, dans la rue et sur d'autres continents. On ne peut pas répondre à cette question, ce qui ne signifie pas qu'elle soit futile. Cette interrogation permanente, cette confrontation à la brutalité de mon pays m'a donné la plus grande récompense : me libérer des fantômes et me préparer à affronter la terreur pure de la désincarnation, de la perte de mon corps.

Et j'ai peur. Cette peur augmente à chaque fois que tu me quittes. Mais j'ai découvert cette peur bien avant ta naissance. Quand j'avais ton âge, toutes les personnes que je connaissais étaient noires, et toutes vivaient dans cette peur, violemment, obstinément, dangereusement. J'ai été témoin de cette peur tout au long de mon enfance, même si je ne l'ai pas toujours identifiée comme telle.

Elle était toujours là, sous mes yeux. La peur était visible parmi les grandes gueules de mon quartier, ces gamins avec leurs grosses bagues et leurs grosses médailles, leurs énormes blousons et leurs longues vestes en cuir à col de fourrure, qui leur servaient d'armure face au monde. Je les voyais au coin des avenues chaudes de Baltimore – Gwynn Oak et Liberty, ou Cold Spring et Park Heights, ou devant le Mondawmin Mall –, les mains enfouies dans leur sweat-shirt Russell[7]. Quand je repense à ces gamins, tout ce que je vois c'est de la peur ; je les vois se préparer au combat contre les fantômes de ce passé tragique au cours duquel les bandes du Mississippi encerclaient leurs propres grands-pères et allumaient les branches du corps noir comme des torches, avant de les arracher. Cette peur survivait dans leur déhanchement travaillé, leurs jeans tombants, leurs immenses tee-shirts, l'angle calculé de leur casquette de base-ball, tout un catalogue de comportements et d'attitudes vestimentaires accumulé pour donner l'impression qu'ils étaient des rois, en pleine possession de tous les objets de leurs désirs.

Je voyais cette peur dans leurs rituels de combat. Un jour – je n'avais pas cinq ans –, j'étais assis sur les marches du perron de notre maison de Woodbrook Avenue et j'observais deux de ces gamins, torse nu, s'approcher l'un de l'autre en décrivant des cercles et en faisant saillir leurs épaules. À compter de ce jour, j'ai compris que le combat de rue obéissait à un rituel, à des règles et à des codes qui, du simple fait de leur existence, témoignaient de la vulnérabilité des corps adolescents noirs.

J'entendais cette peur dans les premiers morceaux de musique que j'aie jamais entendus. Ils faisaient vrombir les ghetto-blasters, saturés de frime et de vantardise. Les gamins qui traînaient à l'angle de Garrison et Liberty, dans le quartier de Park Heights, adoraient cette musique. Elle leur disait, contre toute évidence, qu'ils étaient maîtres de leur vie, de leurs rues et de leur corps. Je décelais cette peur chez les filles, dans leur rire si bruyant, dans leurs boucles d'oreille en bambou doré qui criaient si fort leur nom. Elle se nichait dans la brutalité de leur langage, dans la dureté de leur regard, dans la façon qu'elles avaient de te transpercer des yeux et de te détruire avec des mots, pour avoir osé les approcher de trop près. « Prononce même pas mon nom », disaient-elles. Je les observais après l'école. J'observais leur façon de se mettre en garde comme des boxeuses, toutes vaselinées, boucles d'oreille enlevées, Reebok aux pieds, avant de se sauter dessus.

Je ressentais cette peur pendant mes visites chez ma Nana, à Philadelphie. Tu ne l'as jamais connue. Je l'ai à peine connue moi-même, mais je me souviens de sa façon d'être, dure, et de sa voix rauque. Je savais que le père de mon père était mort, que mon oncle Oscar était mort, que mon oncle David était mort, et qu'à chaque fois ça n'avait pas été de mort naturelle. Et je voyais cette peur chez mon propre père, mon père qui t'aime, qui te donne des conseils, mon père qui me glissait de l'argent pour m'occuper de toi. Mon père avait tellement peur. Sa peur, je la ressentais dans ma chair, sous la brûlure de sa ceinture en cuir noir, avec laquelle il me donnait des coups chargés d'anxiété plus que de colère, mon père qui me battait comme si quelqu'un pouvait m'arracher à lui – car c'était exactement ce qui se passait tout autour de nous. Tout le monde avait perdu un enfant, d'une manière ou d'une autre : dans la rue, en prison, à cause de la drogue ou des armes à feu. On disait que ces filles perdues étaient douces comme le miel et qu'elles n'auraient jamais fait de mal à une mouche. On disait que ces garçons perdus venaient d'obtenir un certificat de fin d'études secondaires et qu'ils avaient commencé à reprendre leur vie en main. Et soudain ils n'étaient plus là, et l'héritage qu'ils laissaient derrière eux, c'était une peur terrible.

Est-ce que tu connais cette histoire ? Quand ta grand-mère Ma avait seize ans, un jeune homme a frappé à la porte. C'était le petit copain de ta Nana Jo. Il n'y avait personne d'autre à la maison. Ma a autorisé le jeune homme à s'asseoir et à attendre le retour de Nana Jo. Mais c'est ton arrière-grand-mère qui est arrivée la première. Elle a commencé par demander au jeune homme de partir. Puis elle a battu ta grand-mère d'une manière terrifiante, une dernière fois, pour qu'elle n'oublie jamais combien il était facile de perdre son corps. Ma ne l'a jamais oublié. Je me souviens qu'elle serrait fermement ma petite main dans la sienne lorsque nous traversions la rue. Elle me disait toujours que si jamais je la lâchais et me faisais écraser par une voiture, elle me frapperait jusqu'à me ressusciter. Quand j'avais six ans, Ma et Papa m'ont emmené dans un parc du quartier. J'ai échappé à leur surveillance, j'ai trouvé un terrain de jeu et ils m'ont perdu de vue. Tes grands-parents m'ont cherché partout avec angoisse pendant plusieurs minutes. Quand ils ont fini par me retrouver, Papa a fait ce que n'importe quel parent que je connaissais aurait fait – il a pris sa ceinture. Je me rappelle que je le regardais avec une sorte de stupéfaction, admiratif et craintif à la fois face à la disproportion entre la punition et l'offense. Plus tard, il le dirait clairement : « Soit c'est moi qui le bats, soit ce sera la police. » Peut-être que ça m'a sauvé. Peut-être que non. Tout ce que je sais, c'est qu'à l'époque, la violence naissait de la peur comme la fumée naît du feu, et je suis incapable de dire si cette violence, même administrée dans la peur et dans l'amour, nous réveillait ou nous étranglait. Ce que je sais, en revanche, c'est que les pères qui frappaient leurs fils adolescents pour punir un soupçon d'effronterie les laissaient ensuite redescendre dans la rue, où eux-mêmes appliquaient – et subissaient – la même forme de justice. Je connaissais aussi des mères qui punissaient leurs filles avec le ceinturon, mais le ceinturon ne les sauverait pas de l'emprise de dealers deux fois plus âgés qu'elles. Nous, les enfants, nous pratiquions un humour des plus cyniques pour supporter tout ça. Dans la rue, on jouait au basket avec des cartons troués et on vannait le gamin qui s'était fait administrer une trempe par sa mère devant toute sa classe de CM2. On prenait le bus numéro cinq vers le centre-ville, et on se moquait d'une fille dont la mère était connue pour se servir de tout ce qui lui passait sous la main – câble, rallonge électrique, casserole, poêle. On rigolait, mais je sais qu'au fond on craignait ceux qui nous aimaient le plus. Nos parents s'en remettaient au fouet comme les pénitents à l'époque de la peste.

Être noir, dans le Baltimore de ma jeunesse, c'était comme être nu face aux éléments – face aux armes à feu, face aux coups de poing, aux couteaux, au crack, au viol et à la maladie. Cette nudité n'a rien d'une erreur, rien de pathologique. Elle n'est que le résultat logique et volontaire d'une politique, la conséquence prévisible de ces siècles passés à vivre dans la peur. À l'époque de l'esclavage, la loi ne nous protégeait pas. Aujourd'hui – à ton époque –, la loi est devenue une excuse pour pouvoir t'arrêter et te fouiller. Autrement dit, elle n'est que le prolongement de cette agression physique. Mais une société qui en protège certains par un filet invisible d'écoles, d'emprunts immobiliers subventionnés, de richesses accumulées, et ne consent à t'offrir que la protection d'une justice criminelle, cette société-là a échoué dans la mise en pratique de ses bonnes intentions – à moins qu'elle n'ait réussi à imposer quelque chose de bien plus sombre. Quel que soit le nom qu'on donne à ce système, il n'a eu qu'un résultat : notre infirmité face aux forces criminelles à l'œuvre dans ce monde. Que l'agent de ces forces soit blanc ou noir n'a aucune importance – ce qui en a, en revanche, c'est notre condition ; c'est le système qui fait de ton corps un objet destructible.

La révélation de ces forces à l'œuvre a été continue, tout au long de ma vie ; elle a produit une série de grands chamboulements. Ils continuent de m'habiter, et continueront sans doute jusqu'à ma mort. Un jour – j'avais onze ans – j'étais sur le parking en face du 7-Eleven[8] et j'observais, côté rue, une bande de gamins plus âgés que moi. Ils s'étaient brusquement mis à hurler et à faire de grands gestes à l'intention de... de qui donc ?...

36

d'un autre garçon, aussi jeune que moi, qui se tenait là, presque souriant, et levait courageusement les mains en l'air. Il avait déjà appris la leçon qu'il allait me donner ce jour-là : il savait que son corps était en danger permanent. Qui sait ce qui avait pu lui faire comprendre cette leçon ? Les barres d'immeubles des *projects*[9], un beau-père alcoolique, un frère aîné plongé dans le coma par la police, un cousin envoyé en prison... Il était seul contre tout un groupe de gamins, mais ça n'avait pas d'importance : le monde entier le surpassait en nombre depuis bien longtemps – et puis, à quoi bon les chiffres ? Il était en guerre pour la possession de son corps, et cette guerre serait celle de toute une vie.

Face à la scène, j'étais resté immobile quelques instants, impressionné par le style vestimentaire de ces gamins plus vieux que moi. Ils portaient tous des anoraks, du genre de ceux qu'à mon époque les mères achetaient à crédit dès le mois de septembre avant d'enchaîner les heures supplémentaires pour être sûres de pouvoir les offrir bien emballés à Noël. Je concentrais mon attention sur un gamin à la peau claire qui avait la tête allongée et de petits yeux. Il lançait des regards menaçants à un autre gamin posté près de moi. Il était à peine quinze heures. J'étais en sixième. La journée d'école venait de se terminer, et l'atmosphère n'était pas encore à la bagarre comme ça pouvait être le cas au début du printemps. Quel était le problème exactement ? Qui pouvait le savoir ?

Le gamin aux petits yeux avait soudain fourré sa main dans son anorak et en avait sorti une arme à feu. Je m'en souviens au ralenti, comme dans un rêve. Il se tenait là, brandissant l'arme ;

il l'avait sortie lentement, puis remise dans sa poche, puis ressortie une nouvelle fois, et dans ses petits yeux j'avais vu bouillir une rage qui aurait pu, en une fraction de seconde, effacer mon corps. C'était en 1986. Cette année-là, j'avais été submergé par tous les reportages qui parlaient de meurtres. Je savais que très souvent ces meurtres ne touchaient pas leurs cibles, mais plutôt des grands-tantes, des mères qui revenaient de soirées de parents d'élèves, des oncles qui faisaient des heures sup' et des enfants joyeux – frappés au hasard, sans répit, comme sous une pluie torrentielle. Je le savais en théorie mais je ne l'avais pas compris en pratique jusqu'à ce que ce gamin aux petits yeux se retrouve devant moi, à une certaine distance, tenant entre ses petites mains le destin de mon corps tout entier. Il n'avait pas tiré. Ses amis l'avaient retenu. Il n'avait pas eu besoin de tirer. Il avait décidé de ma place dans l'ordre des choses. Il m'avait fait savoir à quel point il lui aurait été facile de me choisir. Ce jour-là, j'ai pris le métro pour rentrer chez moi et j'ai repensé, seul, à cet épisode. Je ne l'ai pas raconté à mes parents. Je ne l'ai pas raconté non plus à mes professeurs. Je ne me souviens plus si je l'ai raconté à mes copains, mais si c'est le cas, je l'ai sans doute fait d'un ton excité pour camoufler la peur qui m'avait envahi.

Je me rappelle mon profond étonnement à l'idée que la mort puisse si facilement jaillir du néant d'un après-midi d'enfant, comme le brouillard au détour d'un virage. Je savais que West Baltimore, où je vivais, mais aussi les quartiers nord de Philadelphie, où vivaient mes cousins, et le South Side de Chicago, où habitaient

des amis de mon père, constituaient un monde
à part. Très loin, au-delà du firmament, après la
ceinture d'astéroïdes, il y avait un autre monde,
où les enfants ne craignaient pas constamment
pour leur corps. Je le savais, car il y avait chez
moi, dans le salon, un grand écran de télévision.
Le soir, je m'asseyais devant ce téléviseur pour
regarder les reportages en provenance de cet
autre monde. On y montrait de petits garçons
blancs avec des collections complètes de figurines
de football américain, avec pour seul désir le fait
d'avoir une petite copine et pour seule inquiétude
la brûlure du sumac vénéneux[10]. Cet autre monde
était pavillonnaire et s'étendait à l'infini, il était
organisé autour de rôtis mijotés, de tartes aux
myrtilles, de feux d'artifice, de crèmes glacées, de
salles de bains immaculées et de camions miniatures qui roulaient dans des jardins arborés, tra-
versés de ruisseaux et de petits vallons. En
comparant ces reportages télévisés avec la réalité
du monde qui m'avait été attribué à la naissance,
j'ai fini par comprendre que mon pays était une
galaxie, et que cette galaxie s'étendait des quartiers
pleins de bruit et de fureur de West Baltimore aux
terrains de chasse insouciants de Mr. Belvedere[11].
Je suis devenu obsédé par la distance qui séparait
cet autre secteur de l'espace et le mien. Je savais
que ma région de la galaxie américaine, où les
corps étaient soumis à une pesanteur tenace, était
noire et que l'autre, la région libre, ne l'était pas.
Je savais qu'une énergie insondable préservait le
gouffre qui les séparait. Je ressentais – sans
encore être en mesure de les comprendre – les
effets de la relation entre cet autre monde et le
mien. J'y voyais une injustice cosmique, d'une
profonde cruauté, qui faisait naître en moi le

désir irréductible, irrépressible, de libérer mon corps de ses chaînes et d'atteindre la vitesse de libération[12].

Est-ce que tu ressens parfois ce même besoin ? Ta vie est si différente de la mienne. La majesté de ce monde, du monde réel, du monde entier, tu la connais. Tu n'as pas besoin de ces reportages ; tu as déjà parcouru tant de régions de la galaxie américaine, tu as déjà vu tant de ses habitants et leurs façons de vivre. Je ne sais pas ce que c'est que de grandir avec un Président noir, des réseaux sociaux, des médias omniprésents et des femmes noires, partout, qui portent leurs cheveux au naturel. Tout ce que je sais, c'est que lorsqu'ils ont relâché l'assassin de Michael Brown, tu as simplement dit : « Faut que j'y aille. » Et ça m'a brisé le cœur : malgré nos mondes différents, mon sentiment, à ton âge, était exactement le même. Et à ce moment-là de mon adolescence, je n'avais pas encore commencé à imaginer tous les périls qui nous attendaient au tournant. Toi, tu crois encore que l'injustice, c'est ce qui est arrivé à Michael Brown. Tu n'as pas encore été aux prises avec les mythes et les récits, et tu n'as pas encore découvert l'étendue du pillage à l'œuvre partout autour de nous.

Avant de découvrir tout ça, avant de pouvoir m'évader, j'ai dû survivre, c'est-à-dire affronter la rue. Je ne parle pas seulement ici des quartiers, ni des gens qui s'amassent à l'intérieur, mais de toutes les situations mortelles, de tous ces dangers bizarres qui semblent sortir tout droit de l'asphalte. La rue fait de chaque journée une suite de questions pièges, et chaque réponse incorrecte peut provoquer une raclée, une balle dans la peau, une grossesse non désirée. Personne n'en sort indemne. Pourtant, la chaleur qui se dégage de ce danger permanent, de ce flirt constant avec la mort, est excitante. C'est ce que veulent dire les rappeurs lorsqu'ils se disent accros à « la rue » ou amoureux du « *game*[13] ». J'imagine qu'ils ressentent quelque chose de similaire à ce que vivent les parachutistes, les alpinistes, les *base jumpers*[14] et tous ceux qui choisissent de vivre sur le fil du rasoir. Nous, nous n'avons pas choisi. Je n'ai jamais pris au sérieux ces frangins qui prétendent « diriger » – encore moins « posséder » – la ville. Nous n'avons pas dessiné ces rues. Nous ne les finançons pas. Nous ne les entretenons pas. J'étais là malgré tout, dans ces rues, avec pour mission – comme tous les autres – de protéger mon corps.

Les bandes de jeunes hommes qui avaient transformé leur peur en rage représentaient le plus grand danger. Ils arpentaient les moindres recoins de leur quartier en faisant le plus de bruit possible et en se comportant grossièrement, car seule cette grossièreté bruyante leur permettait d'éprouver un sentiment de sécurité et de pouvoir. Ils étaient capables de te briser la mâchoire, de te piétiner le visage, de t'abattre même, à la seule fin d'éprouver ce pouvoir, de se délecter de la puissance de leur corps. Et cette jouissance sauvage, ces agissements spectaculaires faisaient résonner leur nom. Les réputations grandissaient, le récit des atrocités passait de bouche à oreille. Dans le Baltimore de mon adolescence, on savait que lorsque Cherry Hill arrivait on devait s'effacer sur son passage ; que « North et Pulaski » ne désignait pas le simple croisement de deux avenues mais une tornade, qui ne laissait dans son sillage que débris et tessons de verre. La sécurité qui pouvait régner dans ces quartiers découlait en quelque sorte de celle des corps qui les peuplaient. Il fallait éviter Jo-Jo, par exemple, parce que c'était le cousin de Keon, le *don*[15] de Murphy Homes. Dans d'autres villes – en fait dans d'autres Baltimore –, les quartiers avaient d'autres noms et les gamins d'autres surnoms mais toujours la même mission : prouver l'inviolabilité de leur territoire et de leur corps, en brisant des genoux, des côtes, des bras. Cette pratique était si répandue qu'aujourd'hui tu peux demander à n'importe quelle personne noire ayant grandi dans ces villes à cette époque : elle saura te dire quelles bandes régnaient sur quels quartiers, te donner les noms de tous les capitaines et de tous leurs cousins et te faire l'anthologie de tous leurs exploits.

Pour survivre à la rue et protéger mon corps, j'ai dû apprendre un autre langage, une série de simples hochements de tête et poignées de mains. J'ai mémorisé la liste des quartiers interdits. J'ai appris à reconnaître le parfum et l'atmosphère qui annonçaient la bagarre. Et j'ai vite appris qu'une question telle que : « Eh, minus, je peux voir ton vélo ? » n'était jamais prononcée sans arrière-pensée, de même que cette autre phrase : « Yo, tu t'es embrouillé avec mon cousin » ne relevait jamais d'une franche accusation ni d'une simple incompréhension. Pour répondre à ces sommations, tu plaçais ton pied gauche devant le pied droit et tes mains devant ton visage, l'une légèrement plus bas que l'autre, prête à décocher un coup comme un marteau planterait un clou. Tu te mettais en garde. L'autre manière de répondre consistait à s'enfuir à toutes jambes en traversant ruelles et jardins, puis à franchir la porte de chez toi à toute allure, devant ton petit frère médusé, jusqu'à ta chambre, pour remettre la main sur ta lame glissée dans son étui, ou sous ton lit, ou dans ta boîte à chaussures Adidas, à rameuter tes propres cousins (qui n'étaient pas vraiment tes cousins) et à retourner au même bloc d'immeubles, le même jour, vers la même bande, en braillant : « Eh, négro, on fait quoi maintenant ? » Je me souviens d'avoir appris ces règles, je m'en souviens bien plus clairement que d'avoir appris le nom des couleurs et des formes géométriques, car ces règles étaient vitales pour la sécurité de mon corps.

C'est là que nous sommes très différents, toi et moi. Ces anciennes règles te sont certes un peu familières, mais elles ne sont pas aussi essentielles pour toi qu'elles l'étaient pour moi. Je suis certain que tu as déjà dû affronter un gros dur dans le métro ou dans un parc, mais quand j'avais à peu près ton âge, un bon tiers de mon activité cérébrale quotidienne était consacré à calculer avec qui j'étais en train de marcher vers l'école, combien nous étions, à faire attention à notre façon de marcher, au nombre de fois où je souriais, à qui ou à quoi je souriais, à savoir qui était prêt à jouer des poings et qui ne l'était pas – tout ça pour te dire que je pratiquais la culture de la rue, et que mon principal sujet de préoccupation était ma sécurité physique. Je n'éprouve aucune nostalgie pour cette époque. Je n'ai aucune volonté de faire de toi un « dur » ou de te faire acquérir la moindre « *street crédibilité*[16] » ; peut-être parce que toute la « dureté » que j'ai pu engranger, je l'ai engrangée à contrecœur. Je crois que j'ai toujours été, d'une manière ou d'une autre, conscient du prix à payer. Je savais confusément que ce tiers de mon activité cérébrale aurait dû être occupé à des choses plus belles. Je sentais que quelque chose, une certaine force, indicible et immense, m'avait volé... quoi au juste ? Du temps ? De l'expérience ? Tu sais où ce tiers de mon activité cérébrale aurait pu me conduire, et pour cette raison tu ressens peut-être le besoin de te libérer, de t'évader, plus encore que moi à l'époque. Tu as déjà vu toutes ces vies merveilleuses par-delà l'horizon, et pourtant tu sais qu'entre toi et Trayvon Martin, il n'y a qu'un pas ; et c'est sans doute la raison pour laquelle Trayvon Martin te terrifie à un point que je n'aurais jamais pu connaître. Tu as été témoin, bien plus que moi, de tout ce qu'on peut perdre quand on perd son corps.

La rue n'était pas mon seul problème. Elle était une chaîne attachée à ma jambe droite ; l'école entravait la gauche. Si tu n'arrivais pas à comprendre les règles de la rue, tu pouvais dire adieu à ton corps sur-le-champ. Mais si tu ne comprenais pas le fonctionnement de l'école, tu pouvais aussi lui dire adieu un peu plus tard. La rue et l'école m'ont toutes deux fait souffrir, mais j'en veux davantage à l'école. Il n'y avait rien de sacré dans les lois de la rue – c'étaient des lois dénuées de morale, simplement pratiques. Si tu te rendais à une fête, tu y allais avec ta clique, c'était comme mettre des bottes quand il neige ou avoir un parapluie en cas d'averse. Ces règles permettaient d'affronter des choses évidentes – le grand danger qui planait au-dessus de toi à chacune de tes visites au Shake & Bake[17], à chacun de tes trajets en bus vers le centre. Les règles de l'école, elles, étaient bien plus vagues. Que signifiait donc – comme nos aînés nous le répétaient – « grandis et deviens quelqu'un » ? Et qu'est-ce que ça avait à voir, au juste, avec cette éducation rigide basée sur l'apprentissage par cœur ? Dans le Baltimore de ma jeunesse, être bien éduqué, c'était d'abord avoir toujours un crayon à papier de rechange et travailler en silence. Les enfants bien éduqués marchaient à la queue leu leu, bien à droite du couloir ; ils levaient le doigt pour pouvoir se rendre aux toilettes et portaient leur badge[18] bien en évidence en y allant. Les enfants bien éduqués ne se cherchaient jamais d'excuse – et certainement pas celle de n'être que des enfants. Le monde n'avait pas de temps à perdre avec l'enfance des filles et des garçons noirs. Comment l'école l'aurait-elle eu ? L'algèbre, la biologie et l'anglais n'étaient pas tant des matières que des occasions de mieux discipliner le corps – il fallait écrire sur les lignes du cahier, recopier lisiblement les instructions, mémoriser des théorèmes abscons qu'on avait pourtant créés pour expliquer le monde. Tout ça me semble si loin. Je me rappelle, c'était en cinquième : j'étais assis en classe, en cours de français, sans la moindre idée de ce que je faisais là. Je ne connaissais aucun Français, aucune Française, et rien autour de moi ne me laissait penser que j'en rencontrerais jamais. La France était un astéroïde dont l'orbite était dans une autre galaxie, autour d'un autre soleil, dans d'autres cieux que jamais je ne traverserais. Pour quelle raison précise étais-je assis dans cette salle de classe ?

Jamais on ne répondait à cette question. J'étais un garçon curieux, mais l'école n'avait que faire de la curiosité. Elle se souciait de conformité. J'aimais beaucoup certains de mes professeurs, mais je ne leur faisais jamais vraiment confiance. Quelques années après avoir quitté l'école, après avoir abandonné la fac, j'ai été frappé par ces paroles d'un rap de Nas :

Ecstasy, coke, tu dis que c'est de l'amour, c'est du poison
Les écoles où je vais elles devraient brûler, c'est du poison[19]

C'était exactement ce que je ressentais. Je sentais que l'école nous cachait quelque chose, nous endormait avec une fausse moralité pour nous rendre aveugles et nous empêcher de poser cette question, qui n'a rien d'exagéré : pourquoi le libre arbitre et la liberté spirituelle ont-ils pour revers l'agression qu'on fait subir à nos corps ? Lorsque nos aînés nous parlaient de l'école, ils ne nous la présentaient pas comme un lieu d'apprentissage fondamental, mais comme un moyen d'échapper à la mort et à l'emprisonnement. Plus de soixante pour cent des jeunes hommes noirs qui abandonnent le lycée finissent en prison. Le pays tout entier devrait en avoir honte. Mais ce n'est pas le cas. N'ayant pas accès aux données historiques ou statistiques, je sentais que la peur qui marquait West Baltimore au fer rouge n'avait pas de rapport avec l'école. L'école ne nous révélait aucune vérité ; au contraire, elle les dissimulait toutes. Oui, peut-être les écoles devraient-elles brûler pour que soit enfin dévoilé le cœur du problème.

Pas fait pour l'école, et – dans une large mesure – ne désirant pas l'être, manquant du savoir élémentaire dont j'aurais eu besoin pour maîtriser la rue, j'avais l'impression qu'il n'y avait aucune échappatoire pour moi ni, très honnêtement, pour qui que ce soit d'autre. Les garçons et les filles qui ne connaissaient pas la peur, qui savaient se servir de leurs poings, rameuter leurs cousins et leurs bandes et – s'il le fallait – dégainer des armes à feu, semblaient avoir réussi à maîtriser la rue. Mais leur compétence atteignait son acmé le jour où ils s'aventuraient hors de chez leurs parents, à dix-sept ans, et découvraient que l'Amérique, elle aussi, avait des armes et des cousins. J'apercevais ce qu'ils allaient devenir dans les visages fatigués de ces mères qui se traînaient dans le bus 28, pestant contre des enfants de trois ans qu'elles chassaient comme des mouches ; chez ces hommes qui hurlaient, du coin de la rue, des obscénités à une jeune fille parce qu'elle ne voulait pas leur sourire. Certains d'entre eux attendaient devant les *liquor stores* quelques dollars pour s'acheter une bouteille. On leur passait un billet de vingt, en leur disant de garder la monnaie. Ils se précipitaient à l'intérieur du magasin et en ressortaient avec du Red Bull, du Mad Dog ou du Cisco[20]. Puis on allait chez un copain dont la mère travaillait de nuit, on mettait *Fuck Tha Police* et on buvait à notre jeunesse. On ne pouvait pas sortir de là. Le sol sur lequel nous marchions était piégé. L'air que nous respirions était toxique. L'eau ralentissait notre croissance. On ne pouvait pas s'en sortir.

Un an après avoir vu le gamin aux petits yeux dégainer son arme, mon père m'a battu parce que j'avais laissé un autre gamin me racketter. Deux ans après, il m'a battu parce que j'avais menacé ma prof de troisième. Si je n'étais pas assez violent, ça pouvait me coûter la vie. Si j'étais trop violent, ça pouvait me coûter la vie. Impossible de s'en sortir. J'étais un garçon capable, intelligent, apprécié, mais extrêmement apeuré. J'avais la vague intuition, sans pouvoir mettre de mots dessus, qu'un enfant marqué à ce point, forcé de vivre dans la peur, était une grande injustice. Quelle était la source de cette peur ? Qu'est-ce qui se cachait derrière l'écran de fumée de la rue et de l'école ? Et pourquoi les crayons à papier, l'énumération bête et méchante des conjugaisons, le théorème de Pythagore, les poignées de mains et les hochements de tête marquaient-ils à ce point la différence entre la vie et la mort, comme des rideaux tirés entre le monde et moi ?

Je ne pouvais pas me réfugier, comme tant d'autres, dans l'Église et ses mystères. Mes parents rejetaient tous les dogmes. Nous méprisions les jours fériés vantés par les gens qui voulaient être blancs. Nous ne nous levions pas pendant leurs hymnes. On ne s'agenouillait pas devant leur Dieu. Je n'avais donc aucune raison de croire qu'un Dieu empreint de justice était de mon côté. « Heureux les doux, car ils posséderont la terre » ne signifiait rien à mes yeux. Les doux, on les tabassait à West Baltimore, on les piétinait sur Walbrook Junction, on les massacrait sur Park Heights et on les violait dans les douches de la prison municipale. J'avais une compréhension physique du monde. Sa morale était tendue vers le chaos et se terminait dans une caisse en bois.

Voilà le message que m'avait transmis le gamin aux petits yeux lorsqu'il avait sorti son arme : cet enfant avait un pouvoir absolu sur mon corps, il pouvait bannir les autres enfants du monde, les transformer en souvenirs. Tout ce qui m'entourait était déterminé par la peur, et je savais, comme le savent tous les Noirs, que cette peur était liée au Rêve, à ces garçons insouciants, à ces tartes et à ces viandes rôties, à ces blanches clôtures et à ces verts jardins qui scintillaient la nuit sur nos écrans de télévision.

La peur liée au Rêve, oui, mais de quelle manière ? La religion n'offrait pas de réponse. L'école n'offrait pas de réponse. La rue ne me permettait pas de voir au-delà du chaos quotidien. Pourtant, j'étais si plein de curiosité. J'ai été élevé ainsi. Ta grand-mère m'a appris à lire alors que je n'avais que quatre ans. Elle m'a aussi appris à écrire, c'est-à-dire non seulement à organiser des phrases en une suite de paragraphes, mais à les organiser comme un moyen d'investigation. Quand j'avais des problèmes à l'école (ce qui était fréquent), elle me faisait écrire sur le sujet. La dissertation devait répondre aux questions suivantes : Pourquoi éprouvais-je le besoin de parler en même temps que mes professeurs ? Pourquoi pensais-je qu'ils ne méritaient pas le respect ? Qu'est-ce que moi j'attendais des autres pendant que j'étais en train de parler ? Que ferais-je la prochaine fois que j'aurais envie de parler à mes copains en plein cours ? Je t'ai donné les mêmes devoirs. Si je te les ai donnés, ce n'est pas parce que je pensais qu'ils adouciraient ton comportement – ils n'ont pas du tout adouci le mien –, mais parce qu'ils ont été pour moi les premiers actes d'interrogation, mes premiers éveils à la conscience. Ta grand-mère ne m'apprenait pas comment me comporter en classe. Elle m'apprenait comment questionner sans cesse le sujet qui m'inspirait le plus de sympathie et me faisait le plus réfléchir, c'est-à-dire moi-même. C'était ça, la leçon : je n'étais pas innocent. Mes impulsions n'étaient guidées par aucune vertu infaillible. Et sachant que j'étais ni plus ni moins humain que les autres, cette leçon était forcément

49

valable pour tous les êtres humains. Si je n'étais pas innocent, eux non plus ne l'étaient pas. Ces motivations complexes et contradictoires ne pouvaient-elles pas guider à leur tour les histoires qu'ils racontaient ? Les villes qu'ils bâtissaient ? Le pays qu'ils prétendaient leur avoir été offert par Dieu ?

Ces questions ont commencé à me brûler de l'intérieur. Le matériau de recherche était tout autour de moi, sous la forme des livres amassés par ton grand-père. Il travaillait pour l'université Howard comme bibliothécaire au Centre de recherche Moorland-Spingarn, qui abritait l'une des plus grandes collections africaines du monde. Ton grand-père aimait les livres ; il les aime toujours. Les livres étaient partout dans la maison : des livres sur les Noirs, écrits par des Noirs pour des Noirs, qui débordaient des étagères jusqu'au salon, ou dormaient dans des cartons à la cave. Papa avait été un chef local du parti des Black Panthers. J'ai lu tous ses livres sur les Panthers, ainsi que son stock de vieux journaux du parti. Ils avaient des armes à feu et ça m'inspirait, car ces armes-là étaient légitimes à mes yeux. Elles me paraissaient s'adresser au pays – ce pays qui avait tracé les rues qu'une police despotique protégeait de ces mêmes armes – dans son langage privilégié : la violence. Les Panthers s'opposaient aux héros dont me parlait l'école, des hommes et femmes qui me semblaient ridicules et dont les actes étaient contraires à tout ce que j'avais sous les yeux.

Tous les ans, au mois de février, mes camarades de classe et moi étions rassemblés pour la revue rituelle du Mouvement des droits civiques[21]. Nos professeurs citaient avec emphase l'exemple des marches pour la liberté, des *freedom riders* et des *Freedom Summers*[22]. Le mois ne pouvait pas s'écouler sans qu'on nous montre une série de films consacrés à la gloire d'être tabassé devant une caméra. Les Noirs, dans ces films, donnaient l'impression d'aimer les pires choses de la vie – les chiens qui mordaient leurs enfants, les gaz lacrymogènes qui asphyxiaient leurs poumons, les lances à incendie qui déchiraient leurs vêtements et les faisaient s'écrouler dans la rue. Tous et toutes semblaient éprouver de l'amour pour les hommes qui les violaient, les femmes qui les insultaient, les enfants qui leur crachaient dessus et les terroristes qui posaient des bombes parmi eux. *Pourquoi est-ce qu'ils nous montrent ça ?* Pourquoi nos héros à nous étaient-ils non violents ? Je ne parle pas de l'aspect moral de la nonviolence, mais de cette impression que les Noirs en particulier avaient besoin de cette démarche morale. À l'époque, je ne pouvais juger l'attitude de ces amoureux de la liberté qu'à l'aune de mes propres connaissances. Ce qui signifie que je comparais leur attitude à celle des enfants qui dégainaient leur arme sur le parking du 7-Eleven, des parents qui se servaient de leurs rallonges électriques comme de fouets, sans oublier tous les « Eh, négro, on fait quoi maintenant ? » Je les jugeais en fonction du pays que j'avais sous les yeux, qui avait conquis ses terres par le meurtre et les avait cultivées grâce à l'esclavage, ce pays qui éparpillait ses armées partout dans le monde afin d'étendre sa domination. Le monde, le monde réel, c'était la civilisation, installée et contrôlée par la sauvagerie. Comment l'école pouvait-elle glorifier des hommes et des femmes dont les valeurs étaient piétinées aussi résolument par la société ? Comment pouvait-elle nous lâcher dans les rues de Baltimore, en connaissance de cause, et nous parler de non-violence ?

J'en suis venu à considérer la rue et l'école comme les deux bras d'un même monstre. L'une profitait du pouvoir officiel de l'État tandis que l'autre s'appuyait sur son approbation implicite. Mais c'est la peur et la violence qui constituaient leur arsenal. Si tu échouais dans la rue, les bandes profitaient de ta chute et s'emparaient de ton corps. Si tu échouais à l'école, tu en étais renvoyé et tu finissais par atterrir dans cette même rue, où les bandes s'emparaient, à peine un peu plus tard, de ton corps. J'ai donc commencé à comprendre la relation qui unissait ces deux bras. Ceux qui se retrouvaient en situation d'échec à l'école offraient à la société toutes les armes pour justifier leur destruction dans la rue. La société pouvait dire : « Il aurait dû rester à l'école », et s'en laver les mains.

Que les « intentions » de chaque éducateur individuel aient été nobles n'a aucune importance. Oublie les intentions. Ce que n'importe quelle institution – ou n'importe lequel de ses agents – a comme « intention » à ton égard demeure secondaire. Notre monde est un monde physique. Il faut que tu apprennes à jouer défensif : ignorer ce que dit la tête et ne pas quitter le corps des yeux. Très peu d'Américains affirmeraient sans ambages qu'ils veulent que les Noirs soient abandonnés à la rue. Mais de très nombreux Américains font tout ce qu'ils peuvent pour préserver l'existence du Rêve. Quand j'étais jeune, personne n'aurait osé dire franchement que l'école était faite pour sanctifier l'échec et la destruction. Mais de très nombreux éducateurs parlaient de « responsabilité individuelle » dans un pays fabriqué et entretenu dans un climat d'irresponsabilité criminelle. Le but de ce langage, fait d'« intentions » et de « responsabilité individuelle », c'est la disculpation à grande échelle. On convient que des erreurs ont été commises. Que des corps ont été détruits. Que des gens ont été réduits en esclavage. Mais on pensait bien faire. On a fait au mieux. Cette expression, « bonnes intentions », c'est un badge qui permet de traverser l'histoire sans encombres, un somnifère garant du Rêve.

Il est devenu essentiel pour moi de remettre constamment en question les histoires qu'on me racontait à l'école. Ne pas demander « pourquoi ? » et ne pas continuer à poser la question encore et encore était une erreur. J'ai posé des questions à mon père, qui très souvent refusait de me répondre et préférait me renvoyer vers d'autres livres. Ma mère et mon père m'éloignaient toujours des réponses toutes faites, des réponses au rabais – même de celles qu'ils croyaient vraies. Je ne sais pas si j'ai jamais trouvé la moindre réponse satisfaisante par moi-même. Mais chaque fois qu'on se pose une question, elle devient plus claire. C'est la plus belle part de ce que les anciens appelaient la « conscience politique » : tout autant un ensemble d'actions qu'une façon d'être, un questionnement permanent, le questionnement comme rituel, le questionnement comme exploration plutôt que comme recherche de la certitude. Certaines choses étaient très claires à mes yeux : la violence sous-jacente de notre pays, si flagrante pendant le mois de l'histoire des Noirs, et la violence intime que contenait ce « Eh, négro, on fait quoi maintenant ? » n'étaient pas sans rapport. Et cette violence n'avait rien de magique ; elle avait été conçue d'une façon cohérente.

Mais conçue comment, au juste ? Et pourquoi ? Il fallait que je le sache. Je devais me sortir de là... Je dévorais les livres. Ils étaient comme des rais de lumière dans l'encadrement d'une porte et peut-être pouvait-on accéder à un autre monde derrière cette porte, un monde hors de portée de la peur paralysante qui sous-tendait le Rêve.

En cette période de questionnement intensif, je n'étais pas le seul à prendre peu à peu conscience de tout cela. Des graines plantées dans les années 1960, oubliées par la plupart des gens, germaient enfin et portaient leurs fruits. Malcolm X, mort depuis vingt-cinq ans, avait fini par émerger hors des minuscules rassemblements de ses apôtres survivants. Ses paroles étaient reprises par des artistes de hip-hop qui samplaient ses discours ou intégraient son portrait dans leurs clips. C'était au début des années 1990. J'allais bientôt quitter mes parents et je me demandais ce qu'allait être ma vie. Si j'avais pu choisir un drapeau à l'époque, il aurait été brodé du portrait de Malcolm X sur lequel, en costume-cravate, il écarte un rideau d'une main et tient dans l'autre une mitraillette. Ce portrait symbolisait tout ce que je voulais être – un homme posé, intelligent et ne connaissant pas la peur. Chez *Everyone's Place*, une librairie noire de North Avenue, j'achetais des cassettes de discours de Malcolm – « Message à la base[23] », « Le bulletin de vote ou le fusil[24] » – et je les écoutais sur mon baladeur. Toute l'angoisse que je ressentais devant les héros de Février était là, palpable, distillée ; c'était un matériau de citation idéal. « N'abandonne pas ta vie, préserve-la », disait-il. « Mais si tu dois l'abandonner, n'oublie pas de leur rendre la monnaie de la pièce. » Ce n'était pas de la frime. C'était une vraie déclaration d'égalité, inspirée non pas par des anges bienfaiteurs ou des esprits éthérés, mais par le caractère sacré du corps noir. Tu devais préserver ta vie parce que ta vie et ton corps valaient autant que ceux de n'importe qui, parce que ton sang était aussi précieux qu'un joyau, qu'il ne fallait jamais le vendre, l'échanger contre des tours de magie, des negro-spirituals tout droit sortis d'un au-delà inconnu. Il ne fallait pas céder ton corps si précieux aux shérifs de Birmingham et à leurs matraques, ni à la pesanteur insidieuse de la rue. *Black is beautiful* – c'est-à-dire : le corps noir est beau, il faut préserver ses cheveux de la torture des traitements défrisant et des teintures, préserver la peau noire du blanchiment, ne pas laisser son nez et sa bouche succomber aux trucages de la chirurgie moderne. Nos corps sont ce que nous sommes, et nos corps sont beaux ; nous ne devons donc jamais nous prosterner devant les barbares, jamais soumettre notre être premier, notre être à jamais unique, à la souillure et au pillage.

J'aimais Malcolm parce que Malcolm ne mentait jamais, à l'inverse de l'école et de sa moralité de façade, à l'inverse de la rue et de son atmosphère de bravade, à l'inverse du monde des rêveurs. Je l'aimais parce qu'il disait les choses clairement, sans jamais verser dans le mysticisme ou l'ésotérisme, parce que sa science ne puisait pas ses racines dans les actes de fantômes et de dieux mystérieux, mais dans le fonctionnement du monde réel. Malcolm est le premier homme politique pragmatique que j'aie connu, le premier honnête homme que j'aie entendu. Il ne se souciait pas de conforter les gens qui se croyaient blancs dans leur croyance. S'il était en colère, il le disait. S'il avait la haine, il exprimait sa haine, car il était naturel pour l'esclave de haïr l'esclavagiste ; oui, cette haine était aussi naturelle que celle de Prométhée envers les oiseaux. Il ne tendrait jamais l'autre joue pour toi. Il n'incarnerait pas ta morale. Malcolm parlait comme un homme libre, comme un homme noir évoluant au-dessus des lois qui emprisonnaient notre imagination. Je m'identifiais à lui. Je savais qu'il s'était frotté à l'école, qu'il avait presque été maudit par la rue. Mais, plus encore, je savais que c'était en prison, dans l'étude, qu'il s'était trouvé, et que lorsqu'il en était sorti, il s'était mis à exercer un pouvoir ancestral qui le faisait parler comme s'il s'était enfin approprié son corps. « Si tu es noir, tu es né en prison », disait Malcolm. La vérité contenue dans cette phrase me frappait : j'y pensais à chaque fois que je devais éviter certains quartiers, aux heures de la journée où il ne faisait pas bon rentrer à pied de l'école. J'y pensais quand je me rendais compte du manque de contrôle que j'avais sur mon corps. Peut-être qu'après tout moi aussi j'allais vivre libre. Peut-être que j'allais moi aussi exercer ce pouvoir qui animait nos ancêtres – Nat Turner, Harriet Tubman, Nanny, Cudjoe, Malcolm X[25] – et que je pourrais parler, ou plutôt agir, comme si mon corps m'appartenait.

Ma réhabilitation allait s'accomplir, comme celle de Malcolm, par les livres, par mes propres études et ma propre exploration. Peut-être allais-je écrire un jour quelque chose d'important. Toute ma vie, j'avais lu et écrit hors des limites de l'école. Je gribouillais déjà de mauvaises paroles de rap et de la mauvaise poésie. L'atmosphère de cette époque était au retour à des choses anciennes, essentielles, à cette partie de nous qui s'était perdue en chemin lors du grand bond en avant vers l'Amérique.

Cette chose manquante, cette essence perdue, expliquait la présence des gamins au coin des rues et l'existence des « bébés qui avaient des bébés ». Elle expliquait tout, de l'addiction au crack de nos parents à la peau blanchie de Michael Jackson, en passant par le VIH. Cette chose manquante était liée au pillage qu'avaient subi nos corps, à cet état de fait qui rendait contestable tout désir d'affirmation de nous-mêmes – le désir de maîtriser nos propres mains, elles qui garantissaient notre sécurité, notre propre colonne vertébrale, elle qui nous maintenait debout, et notre propre tête, qui nous montrait le chemin. Deux ans avant la grande marche de Washington, la Million Man March[26], presque chaque jour, j'écoutais l'album *Death Certificate* d'Ice Cube : « Laissez-moi vivre ma vie, si on ne peut plus vivre notre vie, laissez-nous donner notre vie pour la libération et le salut de la nation noire[27]. » Toutes les semaines, je regardais le nouvel épisode du documentaire *Eyes on the Prize*[28] sur le black power. J'étais hanté par la génération de mon père, celle de Fred Hampton et de Mark Clark[29]. J'étais hanté par le sacrifice corporel de Malcolm, par la mutinerie d'Attica et par la vie de Stokely[30]. Tout cela me hantait car je pensais que nous nous étions perdus en route, que nous avions été détruits par les agents secrets de COINTELPRO[31], par la classe moyenne du *black flight*[32] et la drogue, et qu'à présent, à l'ère du crack, tout ce qui nous restait, c'étaient nos peurs. Peut-être fallait-il revenir en arrière. C'était ce que j'entendais dans l'injonction habituelle : « Sois réaliste. » Peut-être fallait-il que nous nous retrouvions, que nous revenions à la rue des origines, à notre propre rudesse, à notre chevelure indomptable et rebelle. Peut-être fallait-il retourner à La Mecque.

Pour moi, La Mecque était, demeure et restera toujours l'université Howard. J'ai tenté de te l'expliquer à maintes reprises. Tu me dis que tu entends, que tu comprends, mais je ne suis pas certain que la puissance de ma Mecque – La Mecque – puisse se traduire dans ta langue neuve et éclectique. Je ne suis même pas sûr qu'elle doive l'être. Mon travail consiste à te transmettre ce que j'ai appris en suivant mon propre chemin, tout en te permettant de suivre le tien. Tu ne peux pas être noir comme je suis noir, pas davantage que je ne pouvais être noir comme l'était ton grand-père. Pourtant, je maintiens que même pour un garçon cosmopolite comme toi, il y a là un moyen de se trouver un port d'attache, même à notre époque moderne, au beau milieu de la

tempête américaine. Mon avis est certainement biaisé par la nostalgie et la tradition. Ton grand-père travaillait à Howard. Tes oncles Damani et Menelik, tes tantes Kris et Kelly y ont obtenu leurs diplômes. J'y ai rencontré ta mère, ton oncle Ben, ta tante Kamilah et ta tante Chana.

J'ai été admis à Howard, mais formé par La Mecque. Ces deux institutions ont beau être liées, ce ne sont pas les mêmes. L'université Howard est une institution d'enseignement supérieur, qui fait passer le test d'admission en faculté de droit, distribue des mentions honorifiques *magna cum laude* et abrite le club Phi Beta Kappa[33]. La Mecque, elle, est une machine, conçue pour récupérer et concentrer l'énergie sombre de tous les peuples africains afin de l'injecter directement dans le corps des étudiants. La Mecque tient son pouvoir de l'héritage de l'université Howard qui, à l'époque des lois de ségrégation Jim Crow[34], jouissait d'un quasi-monopole sur le talent noir. En outre, alors que la plupart des autres écoles de tradition noire étaient éparpillées comme des fortins dans l'immense et sauvage étendue de la vieille Confédération[35], Howard se trouvait à Washington – Chocolate City[36] – et donc à proximité immédiate du pouvoir fédéral et du pouvoir noir, le *black power*. Depuis des générations, ses anciens élèves et professeurs s'étaient illustrés dans tous les domaines – Charles Drew, Amiri Baraka, Thurgood Marshall, Ossie Davis, Doug Wilder, David Dinkins, Lucille Clifton, Toni Morrison, Kwame Touré[37]. Son histoire, sa localisation, ses anciens élèves, tout ça se mélangeait pour créer La Mecque – le carrefour de la diaspora noire.

La première fois que j'ai été témoin de sa puissante aura, c'était sur le Yard, l'espace vert communal, au centre du campus, où les étudiants se rassemblaient ; j'ai alors vu de mes yeux les variations apparemment infinies de tout ce que je savais de moi-même, de mon être noir. Des rejetons de diplomates nigérians en costume se saluant en se tapant le poing avec des types à la boule à zéro, en coupe-vent violets et chaussés de Timberland beiges. La progéniture des prêcheurs de l'Église épiscopale méthodiste africaine, à la peau très claire, débattant avec les ecclésiastiques de l'organisation panafricaine Ausar-Set[38]. Des filles californiennes converties à l'islam, en pleine renaissance, vêtues du hijab et d'une robe longue. Des petits malins, spécialistes des chaînes de Ponzi ; des adeptes de sectes chrétiennes ; des fanatiques de l'église du Tabernacle[39] ; des génies des mathématiques. C'était comme entendre jouer cent versions de *Redemption Song* de Bob Marley, chacune d'une couleur et d'une tonalité différentes. Au-dessus de tout ça planait l'histoire de l'université elle-même. Je savais que je marchais littéralement sur les traces de toutes les Toni Morrison et de toutes les Zora Neale Hurston, de tous les Sterling Brown et de tous les Kenneth Clark qui avaient été ici avant moi[40]. On pouvait parcourir toute l'étendue de La Mecque – c'est-à-dire toute la variété et la multitude des Noirs à travers l'espace-temps – en vingt minutes de marche seulement, le temps de traverser le campus. La diversité noire, c'était par exemple les étudiants qui bavardaient devant le Frederick Douglass Memorial Hall, là où Mohamed Ali s'était adressé à leurs pères et à leurs mères pour protester contre la guerre du Vietnam. La richesse inouïe de la diversité noire, c'était ceux qui s'installaient devant le théâtre Ira Aldridge, où Donny Hathaway avait chanté, où Donald Byrd avait un jour rassemblé son groupe. Ces étudiants sortaient leur saxophone, leur trompette, leur batterie, et jouaient *My Favorite Things* ou *Un jour mon prince viendra*. D'autres se retrouvaient sur la pelouse, vêtus de rose et de vert, et ils scandaient, marchaient, chantaient, tapaient du pied et des mains. Certains remontaient avec leurs colocataires et un peu de corde pour s'entraîner au *double dutch*[41]. D'autres encore redescendaient, la casquette relevée et le sac à dos sous le bras, et se lançaient dans de superbes impros codées à base de rimes et de *beatbox*. Certaines filles s'asseyaient à côté du mât du drapeau de l'université, leurs paniers pleins de livres des grandes prêtresses féministes bell hooks[42] et Sonia Sanchez[43]. Certains garçons, qui se faisaient appeler de leur nouveau nom yoruba, suppliaient ces filles en citant Frantz Fanon. D'autres étudiaient le russe. D'autres encore travaillaient dans des labos d'archéologie. Ils étaient panaméens. Ils étaient barbadiens. Certains venaient d'endroits dont je n'avais même jamais entendu parler. Tous, ils étaient incroyablement excitants – et paraissaient exotiques, alors même que nous venions de la même tribu.

J'avais devant moi, sous mes yeux, le monde noir. Je me rendais compte que ce monde était bien plus qu'un négatif du monde de ceux qui se croient blancs. « L'Amérique blanche » est une sorte de syndicat, déployé pour protéger son pouvoir exclusif de domination et de contrôle sur nos corps. Parfois ce pouvoir est direct (lynchage), parfois il est insidieux (discrimination). Mais quelle que soit la manière dont il se présente, le pouvoir de domination et d'exclusion est au centre de la croyance dans le fait d'être blanc. Sans lui, « les Blancs » cesseraient d'exister, faute de raisons d'exister. Bien sûr, il y aura toujours des gens aux cheveux raides et aux yeux bleus, ils ont d'ailleurs toujours existé. Mais certains de ces gens dont les cheveux sont raides et les yeux bleus ont parfois été considérés comme « noirs », et c'est précisément la grande différence entre leur monde et le nôtre. Nous n'avons pas choisi nos barrières. Elles nous ont été imposées par des planteurs de Virginie obsédés par l'idée de transformer autant d'Américains que possible en esclaves. Ce sont ces planteurs qui ont imaginé la règle du *one-drop*[44], cette goutte de sang noir qui séparait le « Blanc » du « Noir », même si ça devait signifier que certains de leurs propres enfants aux yeux bleus pouvaient parfois, eux aussi, vivre sous la menace du fouet. Le résultat de tout ça, c'est un peuple, le peuple noir, qui englobe toutes les variétés physiques et dont les histoires différentes reflètent cette diversité physique. C'est grâce à La Mecque que j'ai compris que nous étions, dans notre corps politique discriminé, des cosmopolites. La diaspora noire n'était pas simplement notre monde mais, de bien des manières, elle était le monde occidental lui-même.

Évidemment, les héritiers de ces planteurs de Virginie n'auraient jamais pu admettre directement cet héritage, ni reconnaître son influence. Quant à cette beauté que Malcolm nous implorait de protéger, la beauté noire, elle n'était jamais célébrée au cinéma, à la télévision ou dans les manuels scolaires de mon enfance. Dans ces manuels, n'importe qui, venu de n'importe quelle partie du monde, de Jésus à George Washington, était blanc. C'est pour ça que tes grands-parents avaient interdit de séjour Tarzan, le Lone Ranger[45] et toutes les figurines dont les visages étaient blancs. Ils se révoltaient également contre les livres d'histoire qui ne parlaient des Noirs que de manière sentimentale, en tant que « premiers » – le premier général cinq étoiles noir, le premier membre du congrès noir, le premier maire noir – toujours présentés comme une catégorie incongrue dans une partie de *Trivial Pursuit*. L'histoire sérieuse était celle de l'Ouest, et l'Ouest était blanc. Cette idée m'est apparue grâce à une phrase du romancier Saul Bellow. Je ne me souviens plus où je l'ai lue, ni quand – je me souviens seulement que j'étais déjà à Howard. « Qui est le Tolstoï des Zoulous ? » écrivait-il malicieusement. Tolstoï était « blanc », donc Tolstoï était « important », car tout ce qui était blanc était « important ». Cette vision des choses était liée à la peur qui traversait les générations, au sentiment de dépossession. Nous étions noirs, au-delà du spectre visible, au-delà de la civilisation. Notre histoire était inférieure car nous étions inférieurs, ce qui veut dire que nos corps étaient inférieurs. À nos corps inférieurs, il était impensable d'accorder le même respect qu'à ceux qui avaient bâti l'Ouest. Ne valait-il pas mieux, dès lors, que nos corps soient civilisés, améliorés, et utilisés dans un but légitime et chrétien ?

Pour contrer cette théorie, je pouvais compter sur Malcolm. Sur ma mère et mon père. Je pouvais aussi m'appuyer sur la lecture de chaque numéro de *The Source* et de *Vibe*. Je lisais ces magazines non seulement parce que j'aimais la musique noire mais aussi pour le style des auteurs qui y écrivaient. Greg Tate, Chairman Mao et dream hampton – à peine plus âgés que moi – étaient en train de créer un langage nouveau, un langage que je comprenais intuitivement et qui était voué à l'analyse de notre art, de notre monde. Ce langage était, en soi, un argument en faveur de notre culture, de son importance, de sa beauté et donc de nos corps. Et désormais, chaque jour, sur le Yard, je faisais l'expérience de cette importance et je percevais cette beauté, non seulement théorique mais aussi factuelle. Je souhaitais désespérément transmettre cette preuve au monde extérieur, parce que je savais, à défaut de le comprendre entièrement, que l'effacement de la beauté noire dans la culture au sens large était intimement lié à la destruction des corps noirs.

Ce qu'il fallait faire, c'était un nouveau récit, une histoire nouvelle racontée à travers le prisme de notre lutte. J'avais toujours été conscient de ça, j'avais bien perçu la nécessité d'une histoire nouvelle dans ce que disait Malcolm, j'avais compris que les livres de mon père parlaient eux aussi de cette nécessité. Elle était tapie comme une promesse derrière leurs superbes titres – *Les Enfants du soleil*, *Les Merveilleux Éthiopiens de l'Antique Empire de Koush*, *Les Origines africaines de la civilisation*. Ce n'était pas seulement notre histoire mais l'histoire du monde, transformée en arme pour servir nos nobles desseins. C'était l'élément primordial de notre propre Rêve, le Rêve d'une « race noire », de nos propres Tolstoï, qui avaient vécu dans le lointain passé de l'Afrique, ce passé qui nous avait vus composer des opéras, découvrir une algèbre secrète, dresser des murs ornementés, des pyramides, des colosses, des ponts, des routes et toutes les inventions que je jugeais alors indispensables pour faire accéder une simple lignée au rang de civilisation. S'ils avaient leurs champions, nous devions avoir les nôtres cachés quelque part. J'avais lu Chancellor Williams, J. A. Rogers et John Jackson – ces écrivains étaient les piliers du canon de notre nouvelle et noble histoire. Ces lectures m'avaient appris que Mansa Moussa, le Malien, était noir ; que Chabaka, l'Égyptien, était noir ; et que Yaa Asantewaa, d'Ashanti, était noire. La « race noire » était une chose dont je supposais l'existence depuis des temps immémoriaux, une chose réelle et importante.

Quand je suis arrivé à Howard, le livre de Chancellor Williams, *The Destruction of Black Civilization*[46], était ma Bible. Williams avait lui-même enseigné à Howard. Son ouvrage, que j'ai lu à seize ans, proposait une splendide théorie du pillage multimillénaire européen. Cette théorie m'a soulagé du poids de certaines questions troublantes – c'est le propre de toute forme de nationalisme – et elle m'avait donné mon Tolstoï : la reine Nzinga, qui régnait en Afrique centrale au XVIe siècle, et qui résistait contre les Portugais. Au cours de ses négociations avec les Pays-Bas, lorsque l'ambassadeur néerlandais avait tenté de l'humilier en lui refusant un siège, Nzinga avait démontré son pouvoir en ordonnant à l'une de ses conseillères de se mettre à quatre pattes pour faire de son corps une chaise humaine. C'était le genre de pouvoir que je recherchais. L'histoire de nos rois et reines est devenue une arme pour moi. Ma théorie opératoire, à l'époque, était que tous les Noirs étaient des rois en exil, que nous formions une nation d'hommes originels coupés de nos noms originels et de notre majestueuse culture nubienne. C'était bien sûr le message que m'envoyait le Yard lorsque j'y traînais. Aucun peuple, où que ce soit, avait-il jamais été aussi beau, aussi tentaculaire que le nôtre ?

Il fallait lire davantage de livres. À l'université Howard, le centre de recherche Moorland-Spingarn, où ton grand-père travaillait, abritait l'une des plus grandes collections. À Moorland, il y avait des archives, des lettres, des collections privées et quasiment tous les livres jamais écrits par ou sur les Noirs. Pendant la plus grande partie du temps que j'ai passé à La Mecque, j'ai observé un rituel simple. J'entrais dans la salle de lecture de Moorland et je remplissais trois fiches pour emprunter trois œuvres différentes. Je m'asseyais à l'une des longues tables. Je sortais mon stylo et l'un de mes cahiers. J'ouvrais les livres et je lisais, tout en noircissant mes cahiers de notes de lecture, de nouveaux mots de vocabulaire et de phrases de ma création. J'ai lu les œuvres de tous les écrivains dont j'avais entendu parler en cours ou sur le Yard : Larry Neal, Eric Williams, George Padmore, Sonia Sanchez, Stanley Crouch, Harold Cruse, Manning Marable, Addison Gayle, Carolyn Rodgers, Etheridge Knight, Sterling Brown. Je me souviens, je pensais que la clé de toute vie résidait dans l'articulation précise entre « l'esthétique noire » et la « négritude ». De quelle manière, précisément, l'Europe avait-elle contribué au sous-développement de l'Afrique ? Je devais absolument le savoir. Et si les pharaons de la dix-huitième dynastie étaient encore en vie aujourd'hui, est-ce qu'ils vivraient à Harlem ? Je devais avaler toutes ces pages.

Je me suis lancé à fond dans ce travail d'investigation en imaginant l'histoire comme un récit unifié, exempt de débats et de controverses, qui, une fois découvert, allait me permettre de vérifier tout ce que j'avais toujours suspecté. L'écran de fumée disparaîtrait. Les vilains qui tiraient les ficelles de l'école et de la rue seraient démasqués. Mais il y avait tant de choses à connaître – tant de territoires à couvrir – l'Afrique, les Caraïbes, les Amériques, les États-Unis. Chacune de ces régions avait une histoire, une littérature tentaculaire, des travaux de terrain, une ethnographie. Par où commencer ?

Je me suis heurté tout de suite au problème. Je n'ai pas trouvé de tradition cohérente, linéaire et unifiée mais, au contraire, des factions, et des factions de factions. Le grand écrivain Hurston se battait contre le sociologue Hughes, Du Bois faisait la guerre à Garvey, le grand Harold Cruse s'engueulait avec tout le monde. J'avais l'impression d'être à la barre d'un immense navire incontrôlable, sous les assauts de la gigantesque vague déclenchée par l'historien C. L. R. James et du tourbillon créé par Basil Davidson, me faisant tanguer de tous côtés. Des choses que je croyais vraies à peine une semaine plus tôt, des idées prises dans un livre pouvaient être réduites en miettes par le livre suivant. Avions-nous gardé quoi que ce soit de notre héritage africain ? Selon Frazier, cet héritage est anéanti, et cette destruction est la preuve manifeste de la cruauté de nos ravisseurs. Selon Herskovitz au contraire, cet héritage continue à vivre, prouvant ainsi la résilience de notre esprit africain. Quand j'étais en deuxième année, il m'arrivait souvent de passer une journée à essayer de raccorder l'intégration dans l'Amérique selon Frederick Douglass et la fuite vers le nationalisme selon Martin Delany. Peut-être avaient-ils tous deux raison. J'étais parti en quête d'une parade, d'un défilé militaire de champions marchant en rang comme un seul homme. Au lieu de quoi, je me retrouvais avec des ancêtres querelleurs, un troupeau de dissidents qui marchaient parfois du même pas, mais, tout aussi souvent, partaient dans tous les sens.

Durant ma pause, j'allais voir les vendeurs alignés dans la rue et je déjeunais sur le Yard. J'imaginais Malcolm, le corps emprisonné dans une cellule, en train d'étudier les livres, échangeant ses yeux contre le pouvoir de s'évader. Je me sentais à mon tour prisonnier de mon ignorance, de ces questions dont je n'avais pas encore compris qu'elles étaient plus que des moyens d'évasion, de mon incompréhension, de l'université elle-même. C'était encore une fois une école, après tout. Je voulais continuer à étudier toutes ces choses, mais je n'arrivais pas à faire coïncider ma recherche avec les attentes de mes professeurs. Poursuivre l'apprentissage, c'était pour moi la liberté, le droit d'affirmer ma curiosité et de la suivre dans toutes sortes de livres. En d'autres termes, j'étais fait pour la bibliothèque, pas pour la salle de classe. La salle de classe était une prison, construite pour d'autres intérêts que les miens. La bibliothèque était ouverte, infinie, libre. À mon rythme, je découvrais qui j'étais. Les meilleurs passages de l'œuvre de Malcolm me montraient la voie. Malcolm, toujours changeant, évoluant en permanence vers une vérité qui se trouvait en fin de compte au-delà des limites de sa vie, de son corps. J'étais en mouvement, toujours orienté vers la possession totale de mon corps, mais par un chemin jamais imaginé auparavant.

Je n'étais pas tout seul. J'ai rencontré ton oncle Ben à La Mecque. Il venait, comme moi, de l'une de ces villes où la vie de tous les jours contrastait tellement avec le Rêve qu'il fallait absolument y trouver une explication. Lui aussi est arrivé à La Mecque pour comprendre la nature et l'origine du gouffre. Je partageais avec lui un scepticisme robuste et une croyance profonde dans l'idée que nous pourrions, d'une façon ou d'une autre, nous en sortir par la lecture. Les filles l'adoraient, et quel endroit idéal pour être aimé ! On disait – et on y croyait dur comme fer – que nulle part ailleurs sur la terre on n'aurait pu trouver plus belle assemblée de femmes que sur le Yard de l'université Howard. D'une certaine manière, ça faisait aussi partie de la quête : la beauté physique du corps noir, c'était notre beauté, historique et culturelle, incarnée. Ton oncle Ben est devenu un compagnon de route pour la vie, et j'ai découvert quelque chose de particulier dans le fait de voyager avec des Noirs qui ont conscience de la longueur de la route parce qu'ils l'ont eux-mêmes parcourue.

Quand j'étais à Howard, je sortais parfois en ville et je rencontrais d'autres gens, eux aussi en pleine quête, à l'occasion de lectures, de signatures et de soirées de poésie. J'écrivais toujours de mauvais poèmes. Je lisais mes textes au cours de soirées *open mic*[47] dans des cafés peuplés en majorité d'autres poètes qui ressentaient eux aussi l'insécurité de leur corps. Tous étaient plus âgés et plus sages que moi, beaucoup étaient très cultivés et me faisaient profiter de leur sagesse. Mon travail s'en nourrissait. De quoi voulais-je parler, *exactement*, quand j'évoquais la perte de mon corps ? Si chaque corps noir était précieux et unique, si Malcolm avait raison quand il nous poussait à protéger notre vie, comment pouvais-je considérer ces vies si précieuses comme une masse collective, comme le résidu amorphe du pillage que nous avions subi ? Comment pouvais-je préférer l'énergie négative d'un large spectre à la singularité de chaque rai de lumière ? Ces questions donnaient naissance à des notes à partir desquelles je pouvais écrire, et donc penser. Le Rêve prospère sur la généralisation, sur la limitation du nombre des questions possibles, sur la préférence pour les réponses immédiates. Le Rêve est l'ennemi de tout art, de toute pensée courageuse et de toute écriture honnête. Ce n'était pas seulement vrai des rêves échafaudés par les Américains pour se justifier, mais également des rêves que j'avais imaginés pour les remplacer. J'avais cru qu'il fallait tendre un miroir au monde extérieur, créer une copie carbone de l'appropriation blanche de la civilisation. Je commençais à comprendre la nécessité de questionner la logique même de cette appropriation. J'avais oublié mes interrogations personnelles, celles que ma mère avait fait naître, ou plutôt je n'avais pas encore saisi leur valeur profonde et éternelle. Je commençais tout juste à apprendre à me méfier de ma propre humanité, de ma propre souffrance et de ma propre colère – je n'avais pas encore compris que la botte posée sur ta nuque pouvait tout aussi bien te faire délirer que t'ennoblir.

Tout l'art que j'apprenais à aimer évoluait dans ce vide, cet inconnu, cette douleur, ce questionnement. Les poètes plus âgés m'ont fait découvrir des artistes qui puisaient leur énergie dans le vide – Bubber Miley, Otis Redding, Sam and Dave, C. K. Williams, Carolyn Forché. Ces poètes s'appelaient Ethelbert Miller, Kenneth Carroll, Brian Gilmore. Il m'importe de te citer leurs noms pour que tu saches que je n'ai jamais réussi quoi que ce soit tout seul. Un jour, j'étais assis à côté de Joel Dias-Porter, qui n'était pas inscrit à Howard mais que j'avais rencontré à La Mecque ; nous avons étudié chaque vers de *Middle Passage*[48], le poème de Robert Hayden. J'étais ébahi par tout ce que Hayden parvenait à exprimer sans paraître raconter quoi que ce soit. Il pouvait faire jaillir la joie et la souffrance sans avoir expressément recours à ces mots, suggérant des images et non pas des slogans. Hayden évoquait les esclaves, lors du Passage du milieu[49], du point de vue de l'esclavagiste – un parti-pris impensable pour moi : en quoi l'esclavagiste serait-il autorisé à parler ? Mais les poèmes de

Hayden ne parlaient pas. Ils faisaient surgir les choses :

> *La haine, tu ne peux pas lui faire baisser les*
> *yeux*
> *Ni enchaîner la peur qui harcèle les gardiens*[50]

Je n'étais pas dans un navire chargé d'esclaves. Ou peut-être que si, après tout, puisque tant de choses ressenties à Baltimore – la haine pure, l'immortel espoir, la volonté absolue –, je les percevais dans l'œuvre de Hayden. Je l'avais également entendu chez Malcolm, mais jamais de cette manière : là, c'était calme, pur et sans fioritures. J'apprenais la poésie comme un artisanat, une façon plus intense de pratiquer ce que m'avait appris ma mère tant d'années auparavant : l'artisanat de l'écriture en tant qu'art de la pensée. La poésie vise à une économie de la vérité. Il faut éliminer les mots vagues et inutiles, et j'ai découvert que ces mots vagues et inutiles n'étaient pas sans rapport avec les idées vagues et inutiles. Je découvrais aussi que la poésie n'était pas uniquement la transcription d'idées – la bonne littérature l'est rarement. Je voulais apprendre à écrire, ce qui revenait toujours, au bout du compte, comme ma mère me l'avait appris, à me confronter à mon innocence, à la façon dont je me justifiais. La poésie, ça consistait à analyser mes réflexions jusqu'à ce que les scories du raisonnement disparaissent pour laisser place aux vérités froides et brutales de la vie.

Ces vérités, je les entendais dans les œuvres des autres poètes de Washington ; leurs textes étaient faits de petites choses compactes, concrètes – tantes et oncles, pauses cigarette après l'amour, filles sur le perron en train de boire dans des bocaux en verre. Ces vérités transportaient le corps noir au-delà des slogans, lui donnaient de la couleur et de la texture, et reflétaient l'arc-en-ciel que je pouvais observer sur le Yard bien mieux que toutes mes allitérations sur les fusils, les révolutions ou les hymnes à la gloire des dynasties perdues de l'Antiquité africaine. Après ces lectures, je suivais les poètes sur U Street ou au café pour discuter et débattre de tout – livres, politique, boxe. Leurs discussions animées me rappelaient la tradition de discorde que j'avais découverte à la bibliothèque de Moorland ; j'ai commencé à considérer la discorde, la dispute, le chaos, la peur même peut-être, comme une forme de pouvoir. J'apprenais à vivre avec l'inquiétude et le désordre de mon esprit. L'inconfort qui me rongeait – ce chaos, ce vertige intellectuel – n'avait rien à voir avec une quelconque peur. C'était un phare.

J'ai commencé à comprendre que le but de mon éducation était une forme d'inconfort, un processus qui n'était pas destiné à me récompenser avec mon propre Rêve personnel mais qui, au contraire, devait briser tous les rêves, tous les mythes réconfortants de l'Afrique, de l'Amérique, de toutes les parties du monde, pour me laisser face à l'humanité dans ce qu'elle a de plus terrible. Tant de choses terribles se passaient autour de nous, et même parmi nous. Il faut que tu le comprennes.

Pour te donner un exemple, je savais, à l'époque, que juste à l'extérieur de la ville de Washington se trouvait une immense enclave peuplée de Noirs qui semblaient, plus que d'autres, avoir pris le contrôle de leur corps. Cette enclave était le comté de Prince George – *PG County* pour les autochtones – et c'était, à mes yeux, un comté particulièrement riche. Ses habitants possédaient les mêmes maisons, les mêmes jardins, les mêmes salles de bains que ceux des reportages télévisés de mon enfance. Ces Noirs élisaient leurs propres politiciens, mais ces politiciens, ai-je appris, dirigeaient une police aussi vicieuse que n'importe quelle police américaine. J'avais entendu de nombreuses histoires au sujet de *PG County*, de la bouche de ces poètes qui avaient ouvert mon horizon. Ils m'avaient expliqué que la police de *PG County* n'était pas une police mais un groupe de mercenaires, de gangsters, de tueurs et de pillards opérant sous les couleurs de la loi. Ils me l'avaient raconté parce qu'ils voulaient protéger mon intégrité physique. Mais il y avait une autre leçon à en tirer : être noir et beau, *black and beautiful*, n'était pas un motif de jubilation. Être noir n'immunisait personne contre la logique de l'histoire ou les leurres du Rêve. L'écrivain, et j'étais en train d'en devenir un, devait se méfier de tous les Rêves et de toutes les nations, même de la sienne. Peut-être de la sienne davantage encore, justement parce que c'était la sienne.

J'ai commencé à comprendre qu'il me faudrait bien plus qu'une collection d'idoles nationales pour être vraiment libre, et je dois remercier pour ça le département d'histoire de l'université Howard. Mes professeurs d'histoire ne prenaient pas de gants pour m'expliquer que ma quête mythologique était vouée à l'échec, que les histoires que je me racontais n'étaient fondées sur aucune vérité connue. En vérité, ils considéraient que leur devoir était de me défendre contre l'illusion d'une histoire transformée en arme. Ils avaient déjà vu passer tant de malcolmistes. Ils étaient prêts. Leur méthode était brutale et directe. La peau noire signifiait-elle réellement une certaine noblesse ? Toujours ? *Oui*. Qu'en était-il de ces Noirs qui avaient pratiqué l'esclavage pendant des millénaires et vendu des esclaves dans tout le Sahara, et au-delà des mers ? *Victimes d'une arnaque*. Étaient-ce les mêmes rois noirs que ceux qui avaient donné naissance à toute la civilisation ? Étaient-ils donc tout à la fois les maîtres déchus de la galaxie et des marionnettes crédules ? Et que voulais-je dire exactement par « noir » ? *Eh ben, vous savez bien, noir*. Est-ce que je pensais à une catégorie intemporelle, venue du fond des âges ? *Oui ?* Pouvait-on supposer que la couleur de la peau avait toujours eu de l'importance par le passé, simplement parce qu'elle en avait pour moi ?

Je me rappelle un cours d'introduction sur l'Afrique centrale. Ma professeure, Linda Heywood, était mince et portait des lunettes ; elle parlait avec un fort accent de Trinidad dont elle se servait comme d'un marteau avec les jeunes étudiants comme moi qui confondaient l'agitprop' et le sérieux des études. Son Afrique n'avait rien de romantique, ou plutôt, rien de romantique au sens où je l'entendais. Elle revenait à l'héritage de la reine Nzinga – ma Tolstoï –, cette même Nzinga que je voulais ranger dans ma collection de héros et de trophées. Mais lorsqu'elle nous avait raconté l'histoire de Nzinga conduisant ses négociations assise sur le dos de cette femme, elle l'avait fait sans y ajouter le moindre vernis héroïque, et ça m'avait frappé comme un coup de poing dans le dos : de toutes les personnes présentes dans cette salle, il y a tant de siècles, mon corps, cassable à volonté, mis en danger dans la rue, apeuré à l'école, avait bien moins de choses en commun avec celui de la reine qu'avec celui de sa conseillère, un corps brisé et transformé en chaise afin qu'une reine, qui avait toujours hérité de tout ce qu'elle possédait, puisse s'asseoir.

J'ai pris un cours d'introduction sur l'Europe du XIXe siècle à nos jours. J'y ai vu des Noirs, décrits par des regards « blancs », qui ne ressemblaient à aucun de ceux que j'avais vus jusqu'alors – ces Noirs-là avaient l'air majestueux et humains. Je me rappelle la douceur du visage d'Alexandre de Médicis, l'allure royale des mages noirs de Bosch. Ces portraits, créés aux XVIe et XVIIe siècles, contrastaient avec ceux créés après l'esclavage, les caricatures du petit Sambo[51] que j'avais toujours connues. Où résidait la différence ? Dans mon cours d'introduction sur l'Amérique, des portraits d'Irlandais étaient dessinés de la même manière : affamés, lascifs, simiesques. Peut-être y avait-il eu d'autres corps moqués, terrorisés, rendus vulnérables. Peut-être les Irlandais, eux aussi, avaient-ils un jour perdu leurs corps. Peut-être qu'être appelé « noir » n'avait rien à voir avec tout ça ; peut-être qu'appeler quelqu'un « noir », c'était juste une façon de donner un nom à celui qui était en bas de l'échelle, à un être humain devenu objet, à un objet devenu paria.

Tout ceci était pesant. J'éprouvais ces découvertes comme autant d'expériences douloureuses, éreintantes. En vérité, j'allais bientôt commencer à apprécier l'ivresse et le vertige qui accompagnent toute odyssée. Mais, au début, ces contradictions incessantes me rendaient mélancolique. Ma peau n'avait rien de sacré ni de particulier ;

j'étais noir à cause de l'histoire et de mon héritage. Il n'y avait rien de noble dans le fait de tomber, d'être attaché, de vivre opprimé, et le sang noir ne portait en lui aucune signification intrinsèque. Le sang noir n'était pas noir ; la *peau* noire elle-même n'était pas noire. À présent, je regardais d'un nouvel œil le besoin que j'avais eu d'ériger un panthéon et mon désir de vivre selon les principes de Saul Bellow, et je me rendis compte que ce besoin n'était pas un besoin d'évasion, mais encore une fois de la peur – peur que ce soient « eux », les auteurs présumés et héritiers de l'univers, qui aient raison. Cette peur était tellement ancrée en nous que nous acceptions leurs critères de civilisation et d'humanité.

Pourtant, certains d'entre nous les refusaient. C'est à peu près à cette époque que j'ai découvert un essai de Ralph Wiley dans lequel il répondait au trait d'esprit de Bellow. « Tolstoï est le Tolstoï des Zoulous, écrivait Wiley. À moins qu'on trouve avantageux de découper les propriétés universelles de l'humanité en possessions tribales exclusives. » Et voilà. J'avais accepté l'hypothèse de Bellow. En vérité, Bellow n'était pas plus proche de Tolstoï que je ne l'étais de Nzinga. Et si je l'avais été, c'est parce que je l'aurais choisi, pas à cause d'un destin inscrit dans mon ADN. Ma grande erreur, ce n'était pas d'avoir accepté le rêve de quelqu'un d'autre, mais d'avoir accepté l'idée même des rêves, le besoin d'évasion et l'invention de la race[52].

Pourtant, je savais que nous *étions* quelque chose, que nous étions une tribu – certes inventée mais non moins réelle. C'était tangible, là, sur le Yard, aux premières chaleurs du printemps, lorsqu'il semblait que chaque groupe, chaque quartier, chaque assemblée, chaque comté et chaque coin de rue de l'immense diaspora avaient envoyé un délégué à la grande fête mondiale. Je me rappelle de cette époque comme d'une chanson d'OutKast, débordante de joie et de désir. Un type au crâne rasé, en lunettes noires et en débardeur, se tient devant Blackburn, le centre estudiantin, une longue écharpe boa recouvrant ses épaules musclées. Une femme politisée, en jean délavé, les dreadlocks tirées en arrière, lui lance un regard en coin et se met à rigoler. Je suis devant la bibliothèque, en train de discuter de la conquête du Congrès par les républicains ou de la place du Wu-Tang Clan dans le panthéon du hip-hop. Un type en tee-shirt *Tribe Vibe* s'approche, me tend son poing, et nous évoquons les bacchanales noires de la saison du *spring break* à Freaknik, Daytona, Virginia Beach[53] en nous demandant si nous ferons enfin le voyage cette année. Et la réponse est non. Parce que nous avons tout ce qu'il faut sur le Yard. Nous sommes cloués ici, car nous nous souvenons des villes dangereuses où nous sommes nés, où la peur nous paralysait dès les premiers jours du printemps. Maintenant, ici, à La Mecque, nous n'avons plus peur, nous faisons partie du grand arc-en-ciel sombre, de la grande parade.

C'étaient mes premières journées d'adulte, à vivre seul, à me faire à manger, à aller et venir comme je l'entendais – ma propre chambre, la possibilité de rentrer un jour chez moi, peut-être, avec une de ces femmes superbes m'entourant désormais. En deuxième année, je suis tombé très amoureux d'une ravissante Californienne qui avait l'habitude de déambuler sur le campus dans une longue jupe, une écharpe nouée sur la tête. Je me rappelle ses grands yeux marron, sa large bouche et sa voix calme. Quand je l'apercevais sur le Yard au printemps, je criais son nom et je levais les mains en l'air comme pour signaler un *touchdown*[54] – mais d'un geste bien plus large – en décrivant le « W » de « *What's up?* » (« Quoi de neuf ? »). C'était comme ça qu'on faisait, à l'époque. Son père était de Bangalore. C'était où, ça ? Et à quoi ressemblaient les lois, là-bas ? Je ne comprenais pas encore la portée de mes questions. Ce dont je me souviens, c'est de mon ignorance. Je me souviens que je la regardais manger avec les mains et que j'avais l'impression d'être un barbare complet avec ma fourchette. Je me souviens que je me demandais pourquoi elle portait autant d'écharpes. Je me souviens qu'elle était partie en Inde pendant les vacances de printemps et qu'elle en était revenue avec un *bindi* sur le front et des photos de ses cousines indiennes qui souriaient. Je lui disais : « Eh, négresse, t'es noire ! » parce que c'était tout ce que je savais dire à l'époque. Mais sa beauté et sa tranquillité me faisaient perdre l'équilibre. Dans mon petit appartement, un jour, elle m'a embrassé, et, à ce moment-là, le sol s'est dérobé, m'a avalé, enseveli. Combien de poèmes affreux ai-je écrits en pensant à elle ? Je sais aujourd'hui ce qu'elle représentait pour moi – le premier aperçu d'un pont tendu dans l'espace, un trou de ver, un portail galactique, une échappatoire à cette planète bornée et aveugle. Elle avait vu d'autres mondes, et elle portait toute la descendance de ces autres mondes, de la façon la plus spectaculaire qui soit, dans le vaisseau de son corps noir.

Je suis à nouveau tombé amoureux, quelque temps après, d'une autre fille et de manière similaire. Elle était grande et portait de longues dreadlocks lâchées. Elle avait été élevée par une mère juive dans une petite ville presque complètement blanche de Pennsylvanie. À présent, à Howard, elle allait des femmes aux hommes, et elle l'affirmait non seulement avec fierté, mais comme si c'était normal, *comme si elle était normale*. Je sais que ça ne veut rien dire pour toi aujourd'hui, mais je venais d'un endroit – l'Amérique – où la cruauté envers les êtres humains qui s'aimaient en suivant leurs instincts les plus profonds était la règle. J'étais ébahi. Les Noirs faisaient ça ? Oui. Et ils faisaient tellement d'autres choses. La fille aux longues dreadlocks vivait dans une maison avec un homme, professeur à Howard, marié à une femme blanche. Le professeur couchait avec des hommes. Son épouse couchait avec des femmes. Et tous deux couchaient ensemble. Ils avaient un petit garçon qui doit être à la fac aujourd'hui. « Pédé » était un mot que j'avais employé toute ma vie. Et voilà qu'ils étaient là, les membres de la Cabale, l'assemblée des sorcières, les Autres, les Monstres, les Marginaux, les Pédés, les Gouines, tous vêtus de leurs habits humains. Je suis noir, et j'ai été pillé et j'ai perdu mon corps. Mais peut-être étais-je moi aussi capable de pillage, peut-être que j'allais m'emparer du corps d'un autre être humain dans le seul but de m'affirmer dans ma communauté. Peut-être que je l'avais déjà fait. La haine donne une identité. Le nègre, la pédale, la salope illuminent la frontière, illuminent de manière ostensible ce que nous ne sommes pas, illuminent le Rêve d'être blanc, d'être un Homme. Nous attribuons des noms aux étrangers que nous haïssons et nous nous trouvons dès lors confirmés dans notre appartenance à la tribu. Mais sans cesse ma tribu volait en éclats et se reformait autour de moi. Je voyais souvent ces gens, car ils étaient la famille de quelqu'un que j'aimais. Les gestes ordinaires de leur vie – ouvrir la porte, cuisiner, danser sur une chanson d'Adina Howard – me prenaient à la gorge et élargissaient ma vision du spectre humain. Je m'asseyais dans leur salon, observant leurs *private jokes* : une partie de moi les jugeait, l'autre chancelait sous le coup de ces révolutions intérieures.

Elle m'a appris de nouvelles façons d'aimer. Quand j'étais enfant, tes grands-parents régnaient par la terreur que m'inspiraient leurs coups. J'ai essayé de me comporter différemment avec toi – et cette idée est née de toutes ces autres manières d'aimer qui s'affichaient à La Mecque. Voici comment ça a commencé : un matin, je me suis réveillé avec un léger mal de tête. Chaque heure qui passait voyait le mal de tête s'aggraver.

Je marchais vers mon boulot lorsque j'ai vu cette fille. Elle allait en classe. J'avais une mine affreuse, et elle m'a donné un peu d'Advil avant de continuer son chemin. Au milieu de l'après-midi, j'étais à peine capable de tenir debout. J'ai appelé mon supérieur. Quand il est arrivé, j'étais allongé dans la réserve, n'ayant pas trouvé de meilleure idée. J'avais peur. Je ne comprenais pas ce qui se passait. Je ne savais pas qui appeler. J'étais étendu là, brûlant, à demi éveillé, espérant guérir. Mon supérieur a donc frappé à la porte : quelqu'un voulait me voir. C'était elle. La fille avec les longues dreadlocks m'a aidé à me lever, m'a accompagné dans la rue et a hélé un taxi. Au milieu de la course, j'ai ouvert la portière alors que le taxi roulait et j'ai vomi dans la rue. Mais je me souviens qu'elle me retenait pour s'assurer que je ne tombe pas, et qu'elle m'a ensuite serré fort contre elle. Elle m'a emmené dans cette maison pleine d'humains, cette maison qui vibrait d'amour sous toutes ses formes, elle m'a mis au lit, a mis *Exodus*[55] dans le lecteur de CD et a baissé le volume au minimum. Elle a laissé un seau et une carafe d'eau près du lit. Elle devait aller en cours. J'ai dormi et quand elle est revenue, j'étais rétabli. Nous avons mangé. Cette fille aux longues dreadlocks qui dormait avec qui elle voulait, déclarant par là même au monde entier qu'elle était maîtresse de son corps, était là. J'avais grandi dans un foyer écartelé entre l'amour et la peur, dans lequel il n'y avait aucune place pour la douceur. Cette fille aux longues dreadlocks me révélait autre chose : que l'amour pouvait être doux et compréhensif, et que l'amour, qu'il soit doux ou violent, était un acte héroïque.

J'étais devenu incapable d'imaginer où chercher mes héros. Parfois, je partais avec des amis vers U Street et traînais dans les clubs du coin. C'était l'époque de Bad Boy et de Biggie[56], de *One More Chance* et de *Hypnotize*[57]. Je ne dansais presque jamais, malgré mon envie. J'étais paralysé par une peur de mon propre corps qui datait de mon enfance. Mais j'observais la façon dont les Noirs bougeaient, comment, dans ces clubs, ils dansaient comme si leur corps pouvait tout faire, j'étais fasciné de voir à quel point ce corps avait l'air libre, aussi libre que la voix de Malcolm. Dehors, les Noirs ne contrôlaient rien, et surtout pas le destin de leur corps – lequel pouvait être réquisitionné par la police, annihilé par la prolifération des armes, violé, battu, emprisonné. Mais, à l'abri des clubs, sous l'influence des rhum-Coca à deux pour le prix d'un, envoûtés par l'éclairage tamisé, dans la transe du hip-hop, j'avais l'impression qu'ils contrôlaient absolument chacun de leurs pas, chacun de leurs hochements de tête et de leurs pirouettes.

Tout ce que je désirais, c'était écrire pendant qu'ils dansaient, tout entiers en contrôle, puissants, joyeux, chaleureux. À Howard, j'allais et venais dans différents cours. Le moment était venu de partir, de me déclarer diplômé de La Mecque, à défaut de l'université. J'écrivais des critiques musicales, des articles et des éditoriaux que publiait le journal alternatif local ; ce qui me mettait en contact avec d'autres humains. J'ai rencontré des éditeurs – qui étaient pour moi d'autres professeurs –, les premiers Blancs que je connaissais vraiment personnellement. Ils venaient contredire mes préjugés – ils n'avaient pas peur de moi, ni peur pour moi. Ils voyaient ma douceur et ma turbulente curiosité comme des choses à chérir et à exploiter. Grâce à eux, je découvrais l'art du journalisme : une technologie puissante au service de tous ceux qui sont à la recherche de quelque chose. Je faisais des enquêtes sur le district de Washington DC, et les gens me parlaient ; cette même douceur qui avait fait de moi une cible dans le passé les incitait maintenant à me raconter leur histoire en toute confiance. C'était incroyable. Je sortais à peine du brouillard de l'enfance, où les questions s'évanouissaient dans ma tête. À présent, je pouvais poser mes questions, demander à des gens pourquoi on fermait une boutique qui marchait bien, pourquoi un spectacle était annulé, pourquoi il y avait tellement d'églises et si peu de supermarchés. Le journalisme m'offrait un nouvel outil d'exploration, une autre manière de dévoiler les lois qui oppressaient mon corps. Tout commençait à être plus clair – même si je ne voyais pas encore ce qu'était ce « tout ».

À Moorland, j'explorais les récits et les traditions. Sur le Yard, j'observais ces traditions dans la pratique. Grâce au journalisme, j'interrogeais directement les gens sur ces deux aspects – en fait, sur n'importe quel sujet que j'avais envie de creuser. Ma vie se définissait en grande partie par ce que je ne savais pas. Pourquoi vivais-je dans un monde où les adolescents sortaient des armes à feu sur le parking du 7-Eleven ? Pourquoi était-il normal pour mon père, comme pour tous les parents que je connaissais, de sortir sa ceinture ? Et pourquoi la vie était-elle si différente là-bas, dans cet autre monde, derrière les astéroïdes ? Qu'est-ce que ces gens, dont les images étaient jadis diffusées dans mon salon, avaient que je n'avais pas ?

La fille aux longues dreadlocks qui a changé ma vie, que je voulais tant aimer, était amoureuse d'un jeune homme auquel je pense chaque jour – et auquel je penserai sans doute tous les jours jusqu'à la fin de ma vie. L'idée me vient parfois qu'il était une invention, et en quelque sorte c'est vraiment ça, parce que quand des jeunes gens sont tués, ils sont subitement illuminés de tous les possibles avortés, de tout ce qui a été détruit. J'éprouvais de l'amour pour ce jeune homme, Prince Jones : chaque fois que je le voyais, j'arborais un grand sourire en réponse à la chaleur qui émanait de lui, et lorsqu'il fallait se dire au revoir parce que l'un de nous devait s'en aller, j'étais un peu triste. Il faut le savoir, Prince Jones était à l'image de son nom : magnifique, grand et brun, mince et puissant comme certains joueurs de football. Sa mère était un médecin éminent, et lui était un de ces chrétiens *born-again* de l'Église évangélique. De ce point de vue, nous n'étions pas pareils, mais je le respectais. Il était gentil. Il irradiait de générosité et semblait à l'aise en toutes circonstances, avec tout le monde. Bien sûr, ce n'est jamais tout à fait vrai, mais certaines personnes dégagent cette aura naturellement, et Prince en faisait partie. Je peux seulement parler de ce que j'ai vu, de mes impressions. Il y a des gens que nous ne connaissons pas vraiment et qui font pourtant partie de notre vie, qui occupent dans le creux de notre cœur un espace particulier. Lorsqu'ils sont tués, lorsqu'ils perdent leur corps et que l'énergie noire se disperse, cet espace devient blessure.

Je suis tombé amoureux une dernière fois à La Mecque. Une fois encore, j'ai trébuché, et toute la confusion de mon enfance s'est volatilisée sous le charme d'une fille de Chicago. Ta mère. Je nous revois installés dans son salon avec un groupe d'amis. Un pétard dans une main et une bière dans l'autre, j'ai tiré sur le joint, l'ai passé à cette fille de Chicago, et au moment où j'ai frôlé ses doigts fins et élégants, j'ai ressenti le léger frisson du coup de foudre. Elle a pris le pétard entre ses lèvres couleur prune, elle a aspiré puis recraché la fumée avant de l'inhaler de nouveau. Une semaine auparavant, je l'avais embrassée, mais en cet instant, hypnotisé par ce spectacle, les flammes et la fumée (je ressentais déjà les effets du joint), j'ai perdu pied, mes pensées se sont bousculées, je me suis demandé ce que ça devait faire d'être à son contact, d'être comme la fumée, expiré, aspiré à nouveau, et de la faire planer.

Elle n'avait jamais connu son père, comme la plupart des gens autour de moi. À l'époque, je pensais que ces hommes-là – ces « pères » – étaient les plus lâches des hommes. Mais j'avais aussi ce pressentiment d'un jeu de dés pipés à l'échelle galactique, qui envoyait dans nos rangs un surplus de lâches. La fille de Chicago était d'accord, mais elle pensait aussi que nous n'étions pas tous dépossédés de notre corps de la même manière, que les corps des femmes étaient voués au pillage à un point que je ne pourrais jamais vraiment connaître. Comme à tant d'autres filles noires, on lui avait dit, lorsqu'elle était enfant, qu'elle avait intérêt à être intelligente parce que le fait d'être mignonne ne la sauverait pas, et, lorsqu'elle était devenue une jeune femme, on lui disait qu'elle était vraiment jolie pour une fille à la peau foncée. Et il y avait donc en elle une conscience aiguë des injustices cosmiques, comme j'en avais vaguement pris conscience moi-même plusieurs années auparavant – en voyant mon père se saisir de sa ceinture, en regardant, dans mon salon, ces reportages télévisés sur les banlieues paisibles, en observant ces garçons aux cheveux d'or avec leurs camions miniatures et leurs figurines de football américain, et en commençant à percevoir peu à peu la grande barrière entre le monde et moi.

Elle et moi n'avons jamais rien planifié – même pas toi. Nous avions tous les deux vingt-quatre ans lorsque tu es né, un âge normal pour la plupart des Américains, mais dans le milieu où nous nous sommes bientôt retrouvés, nous faisions figure de parents adolescents. On nous demandait très souvent avec un peu d'angoisse, si nous avions prévu de nous marier. Le mariage nous était présenté comme un bouclier contre les autres femmes, contre les autres hommes, contre la monotonie corrosive des chaussettes et de la vaisselle sale. Mais ta mère et moi connaissions trop de gens qui s'étaient mariés et qui s'étaient quittés pour moins que ça. Notre vérité à nous a toujours été que notre alliance, c'était toi. Nous t'avons fait venir de nous, et tu n'as pas eu ton mot à dire. Ne serait-ce que pour cette raison, tu méritais toute la protection que nous pouvions t'apporter. Tout le reste était subordonné à cet état de fait. Si ça donne l'impression que c'était un poids, c'est faux. La vérité est que je te dois tout. Avant toi, j'avais bien mes interrogations, mais rien de plus que ma peau pour participer au grand jeu de la vie, et ça ne pesait pas lourd, tout jeune que j'étais, inconscient de ma propre vulnérabilité.

Une seule chose m'a domestiqué et remis les pieds sur terre : le fait, évident, que si je devais chuter, je ne serais plus le seul à chuter.

C'est ce que je me disais, en tout cas. Ça me rassurait de croire que le destin de mon corps et celui des membres de ma famille étaient en mon pouvoir. « Tu vas devenir un homme », c'est ce que nous disons à nos fils. « N'importe qui peut faire un enfant, mais pour être père, il faut être un homme », c'est ce qu'on m'a dit toute ma vie. C'était le langage de la survie, un mythe qui nous aidait à faire face au sacrifice humain qui nous poursuit, quel que soit notre degré de virilité. Comme si nos mains n'avaient jamais été les nôtres. Comme si le pillage de l'énergie noire n'était pas inscrit au cœur de notre galaxie. Et le pillage était sous mes yeux, si j'avais envie de le voir.

Un été, je suis parti voir ta mère à Chicago. Je roulais sur le Dan Ryan – cet axe autoroutier qui traverse le sud de la ville – avec des amis et j'ai vu de mes yeux, pour la première fois, le State Street Corridor : une bande de six kilomètres de logements sociaux délabrés. Il y avait des cités partout à Baltimore, mais rien d'aussi étendu que ça. Ces logements m'ont fait l'effet d'un désastre moral, pas seulement pour les gens qui y vivaient mais pour la région tout entière, pour la masse de ses habitants qui passaient chaque jour à côté et les toléraient par leur assentiment silencieux. Mais il y avait bien plus dans ces cités que je ne le pensais, malgré toute ma curiosité.

Ta grand-mère maternelle est venue nous voir un jour pendant la grossesse. Elle a dû être horrifiée. Nous vivions dans le Delaware et nous n'avions presque aucun meuble. J'avais quitté

Howard sans diplôme et je vivais de mes maigres revenus d'auteur indépendant. Le dernier jour, je l'ai conduite à l'aéroport et elle m'a juste dit : « Prends soin de ma fille. » Ta mère était son seul enfant, tout comme tu es mon seul enfant. Et, pour t'avoir vu grandir, je sais que rien ne pouvait être plus précieux pour elle que sa fille. Lorsqu'elle a quitté la voiture, mon univers a basculé. Je venais de franchir un seuil, j'avais quitté le vestibule de ma vie pour entrer dans le salon. Tout ce qui appartenait au passé faisait partie d'une autre vie. Il y avait l'avant toi, et il y avait l'après toi, et dans cet après, tu étais le dieu auquel je n'avais jamais cru. Je me suis soumis à tes besoins, et j'ai compris qu'il était de mon devoir de survivre, pour bien d'autres raisons que ma simple survie. Je devais, je dois, survivre pour toi.

Tu es né au mois d'août suivant. Je songeais à toutes les variétés de nuances de La Mecque – Noirs du Belize, Noires dont la mère était juive, Noires dont le père venait de Bangalore, Noirs de Toronto et de Kingston, Noirs qui parlaient russe, qui parlaient espagnol, qui jouaient du Mongo Santamaría, qui comprenaient les mathématiques et travaillaient dans des labos d'archéologie, déterrant les secrets de ceux qu'on avait réduits en esclavage. Le monde était bien plus riche que je l'avais jamais espéré, et je voulais que tu en profites, que tu saches que jamais tu ne découvrirais la totalité du monde tout seul, à l'école ou dans la rue, ni grâce à une simple collection de trophées et de héros. Je voulais que tu t'appropries le monde entier tel qu'il est. Je voulais que la phrase « Tolstoï est le Tolstoï des Zoulous » soit immédiatement évidente pour toi. Et pourtant, même dans ce désir cosmopolite, je sentais le pouvoir des ancêtres, parce que j'avais acquis mon savoir à La Mecque créée par mes ancêtres, et que j'avais été poussé vers elle par la lutte qu'ils avaient menée.

La Lutte est inscrite en toi, Samori – tu portes le nom de Samory Touré, qui a lutté contre les colonisateurs français pour le droit de jouir de son propre corps noir. Il est mort en captivité, mais nous jouissons toujours des bénéfices de sa lutte et de la lutte de bien d'autres, même lorsque l'objet de cette lutte nous échappe, comme c'est si souvent le cas. C'est ce que j'ai appris en vivant au sein d'un peuple, le peuple noir, que je n'aurais jamais choisi, les privilèges liés au fait d'être noir n'allant pas toujours de soi. Nous sommes, comme l'a écrit un jour Derrick Bell[58], « les visages au fond du puits ». Mais la sagesse existe réellement ici-bas, et cette sagesse est à l'origine de la plupart des bonnes choses de ma vie. Et ma vie ici-bas justifie que tu existes.

La sagesse existe aussi dans la rue. Je pense notamment à cette vieille règle selon laquelle, si un gamin se faisait attaquer dans un quartier louche, ses amis devaient rester avec lui, et se prendre la raclée tous ensemble. La clé de toute chose résidait dans ce décret. Aucun d'entre nous ne pouvait espérer terminer le combat sur ses deux jambes, les poings brandis vers le ciel. Nous ne pouvions pas contrôler le nombre de nos ennemis, leur force, ni leur arsenal. Parfois, tu t'en prenais une bonne. Mais que tu te battes ou que tu t'enfuies, tu le faisais en groupe, parce que c'était la seule chose que tu pouvais contrôler. Ce qu'il ne fallait jamais faire, c'était offrir de son plein gré son corps ou celui de ses amis. Voilà où résidait la sagesse : on savait qu'on n'avait pas décidé de l'orientation de la rue, mais malgré tout, on pouvait – et on devait – décider de notre façon de marcher. C'est la signification profonde de ton nom : la lutte, en elle-même, a un sens.

Cette sagesse n'est pas l'apanage unique de notre peuple, mais je crois qu'elle a un sens particulier pour ceux d'entre nous qui sont nés du viol de masse, dont les ancêtres ont été enlevés et divisés en lots et en stocks. Je t'ai élevé afin que tu respectes chaque être humain comme un être singulier, et tu dois étendre ce même respect vers le passé. L'esclavage ne doit pas t'évoquer la soumission d'une masse de chair indéfinie. L'esclavage, c'est une esclave particulière, spécifique, dont l'esprit est aussi actif que le tien, dont la gamme des émotions est aussi large que la tienne ; qui aime la façon dont la lumière tombe à un endroit particulier de la forêt, qui aime pêcher à l'endroit où l'eau tourbillonne dans un ruisseau non loin de là, qui aime sa mère d'une manière compliquée, qui pense que sa sœur parle trop fort, qui a une cousine préférée, une saison préférée, qui est très douée pour la couture et sait, au fond d'elle-même, qu'elle est aussi intelligente et capable que n'importe qui. « L'esclavage », c'est cette femme née dans un monde qui proclame bruyamment son amour de la liberté et inscrit cet amour dans ses textes essentiels, écrits par de grands professeurs qui font pourtant, dans ce monde-là, de cette femme-là une esclave, de sa mère une esclave, de son père un esclave, de sa fille une esclave, et lorsque cette femme jette un œil vers les générations de ses ancêtres, tout ce qu'elle voit ce sont des esclaves. Elle peut espérer davantage. Elle peut imaginer un avenir pour ses petits-enfants. Mais lorsqu'elle mourra, le monde – qui est en réalité le seul monde qu'elle pourra jamais connaître – s'achèvera. Pour cette femme, être réduite en esclavage, ce n'est pas une métaphore. C'est la damnation. C'est la nuit sans fin. Et cette nuit a occupé la plus grande part de notre histoire. N'oublie jamais que nous avons été esclaves dans ce pays plus longtemps que nous n'avons été libres. N'oublie jamais que pendant deux cent cinquante ans les personnes noires naissaient enchaînées – des générations entières, suivies par d'autres générations, n'ont rien connu d'autre que les chaînes.

Tu dois lutter pour vraiment te souvenir de ce passé dans toutes ses nuances, ses erreurs, son humanité. Tu dois résister au désir commun qui nous pousse à accepter l'idée réconfortante d'une loi divine ou de contes de fées fondés sur un sens implacable de la justice. Les esclaves n'ont pas été des pavés sur ta route, et leurs vies n'ont pas été des chapitres de ton histoire rédemptrice. C'étaient des gens, transformés en carburant pour alimenter la machine américaine. L'esclavage n'était pas destiné à s'arrêter, et il est immoral de prétendre que notre situation présente – peu importe à quel point elle s'est améliorée – représente une rédemption pour des individus qui n'ont jamais demandé la gloire posthume et inaccessible de mourir pour leurs enfants. Nos triomphes ne pourront jamais compenser ça. Peut-être nos triomphes ne sont-ils même pas le sujet. Peut-être la lutte est-elle tout ce dont nous disposons parce que le dieu de l'histoire est athée, et que rien dans ce monde n'est censé exister. Tu dois donc te réveiller chaque matin en sachant qu'aucune promesse n'est infaillible, encore moins la promesse toute simple de se réveiller. Ça n'a rien de désespérant. Il s'agit des préférences de l'univers lui-même : le verbe avant le nom, l'action avant l'état, la lutte avant l'espoir.

L'avènement d'un monde meilleur, au bout du compte, ne dépend pas de toi, même si je sais que chaque jour des adultes, hommes et femmes, te disent le contraire. Si le monde a besoin d'un quelconque salut, c'est précisément à cause des actes de ces mêmes hommes et femmes. Je ne suis pas cynique. Je t'aime, et j'aime le monde, et je l'aime davantage à chaque centimètre que je découvre. Mais tu es un garçon noir, et tu dois rester responsable de ton corps d'une manière inconnue des autres garçons. En fait, tu dois rester responsable des pires actes commis par d'autres corps noirs qui, d'une façon ou d'une autre, te seront toujours attribués. Et tu dois rester responsable des corps des puissants – le policier qui te frappe avec sa matraque sera prompt à trouver une justification dans le plus ténu de tes mouvements. Et ça ne se réduit pas simplement à toi – les femmes qui t'entourent doivent rester responsables de leurs corps d'une manière que tu ne pourras jamais connaître. Tu dois faire la paix avec le chaos, mais tu ne peux pas mentir. Tu ne peux pas oublier tout ce qu'ils nous ont pris et la façon dont ils ont transfiguré nos corps pour en faire du sucre, du tabac, du coton et de l'or.

II

Notre monde est plein de sons
Notre monde est plus beau que les autres
mais nous souffrons, et nous entre-tuons
et manquons parfois de légèreté

Nous sommes beaux
avec nos imaginations africaines
pleines de masques et de danses
et de chants qui montent
africains sont nos yeux, nos nez,
et nos bras mais nos chaînes sont grises
et nous grouillons là où les hivers durent,
alors que nous rêvons de soleil.

Amiri BARAKA

Peu de temps avant ta naissance, j'ai été contrôlé par la police de PG County, celle contre laquelle tous les poètes de Washington m'avaient mis en garde. Les policiers se sont approchés des deux côtés de la voiture, arrosant l'intérieur de l'habitacle avec leur lampe-torche. Ils ont pris note de mon identité et sont retournés vers leur véhicule. J'étais terrorisé. À cette époque, en plus des avertissements de mes mentors, j'avais appris les pires agissements de PG County en regardant la télé et en lisant les journaux. C'était la police de PG County qui avait tué Elmer Clay Newman et avait affirmé qu'il s'était jeté lui-même la tête la première contre le mur de sa cellule. Ils avaient abattu Gary Hopkins en prétendant qu'il avait voulu attraper le pistolet d'un policier. Ils avaient rendu Freddie McCollum à demi aveugle à force de le frapper et ils avaient attribué cela à un plancher défoncé. J'avais lu des articles selon lesquels ces policiers avaient étouffé des mécanos, tiré sur des ouvriers du bâtiment, balancé des suspects à travers les fenêtres d'un centre commercial. Et je savais qu'ils faisaient tout ça avec une grande régularité, comme animés par quelque invisible horloge cosmique. Ils tiraient sur des voitures en train de rouler, sur des gens désarmés, dans le dos parfois, puis annonçaient qu'ils avaient essuyé des tirs les premiers. Ces tueurs étaient soumis à des enquêtes, innocentés, puis rapidement renvoyés dans la rue où, enhardis, ils tiraient à nouveau. À ce moment-là de l'histoire américaine, aucun département de police ne se servait davantage de ses armes à feu que celui du comté de Prince George. Le FBI ouvrait de multiples enquêtes – parfois dans la même semaine. On récompensait le chef de la police par une augmentation. Assis au volant de ma voiture, entre leurs griffes, je me repassais ce film. Il aurait mieux valu être abattu à Baltimore, où la justice de la rue aurait permis de demander des comptes au tueur. Mais ces policiers-là disposaient de mon corps, ils pouvaient en faire absolument ce qu'ils voulaient, et si je devais survivre pour expliquer ce qu'ils en avaient fait, ma plainte ne signifierait rien. L'un des deux policiers est revenu vers moi. Il m'a rendu mon permis. Il ne m'a pas expliqué la raison de ce contrôle.

Au mois de septembre suivant, j'ai ouvert le *Washington Post* et j'ai vu que la police de PG County avait encore tué. Je n'ai pas pu m'empêcher de penser que ç'aurait pu être moi, et alors que je te tenais dans mes bras – tu avais un mois – j'ai compris qu'une telle perte ne serait pas seulement la mienne. J'ai à peine lu l'article ; ces atrocités semblaient si ordinaires, à l'époque. L'affaire s'est prolongée le lendemain, et en y faisant un peu plus attention, j'ai vu que c'était un étudiant de Howard qui avait été tué. J'ai songé que je le connaissais peut-être. Mais je n'y ai pas prêté plus d'attention que ça. Puis, le troisième jour, une photo accompagnait le nouvel article ; j'y ai d'abord jeté un œil distrait, puis je me suis concentré sur ce portrait, et je l'ai vu, là. Il était vêtu de ses habits les plus élégants, comme si c'était le jour de la remise des diplômes, et figé dans l'ambre de sa jeunesse. Son visage était fin, brun et beau, et sur ce visage, je pouvais voir le sourire éclatant et naturel de Prince Carmen Jones.

Je n'arrive pas à me souvenir de ce qui s'est passé ensuite. Je crois que j'ai manqué tomber en arrière. Je crois que j'ai raconté à ta mère ce que je venais de lire. Je crois que j'ai appelé la fille aux longues dreadlocks et que je lui ai demandé si tout ça pouvait être vrai. Je crois qu'elle a hurlé. Je me souviens assurément de ce que j'ai ressenti : de la rage, et la vieille pesanteur de West Baltimore, cette pesanteur qui me condamnait à subir l'école, la rue, le vide. Prince Jones s'en était sorti, et pourtant ils avaient fini par le rattraper. Même si je savais déjà que je ne croirais jamais aucun récit qui justifierait sa mort, je me suis assis pour lire l'article. Il y avait très peu de détails. Il avait été tué par un policier de PG County, mais pas dans le comté, ni même à Washington : quelque part dans le nord de la Virginie. Il avait fait la route pour venir voir sa fiancée. Il avait été tué à quelques mètres de chez elle. Le seul témoin de la mort de Prince Jones était l'homme qui l'avait tué. Le policier affirmait que Prince avait essayé de l'écraser avec sa Jeep, et je savais que les procureurs allaient le croire.

Quelques jours plus tard, ta mère et moi t'avons installé dans la voiture et nous avons roulé jusqu'à Washington où nous t'avons laissé à ta tante Kamilah pour nous rendre aux funérailles de

Prince. Elles avaient lieu à la chapelle Rankin, sur le campus de Howard, chapelle à l'intérieur de laquelle je m'étais un jour assis, émerveillé par la troupe d'activistes et d'intellectuels – Joseph Lowery, Cornel West, Calvin Butts – qui avaient prêché à cette chaire. J'ai sûrement croisé un grand nombre d'anciens amis à cette occasion, même si je ne me rappelle plus précisément qui. Ce dont je me rappelle, c'est de tous ces gens qui évoquaient le zèle religieux de Prince, sa croyance constante dans le fait que Jésus était avec lui. Je me rappelle avoir vu le président de l'université se lever et pleurer. Je me rappelle le docteur Mabel Jones, la mère de Prince, évoquant la mort de son fils comme un appel à quitter sa vie confortable de banlieusarde pour se lancer dans le militantisme. J'ai entendu plusieurs personnes demander le pardon pour le policier qui avait abattu Prince Jones. Je n'ai qu'un souvenir vague de mes impressions devant tout ça. Mais j'ai toujours ressenti une grande distance par rapport aux rituels de deuil de mon peuple, et cette distance a dû être brutale ce jour-là. J'étais hermétique au besoin de pardonner au policier car je savais, d'une façon encore mal définie, que Prince n'avait pas tant été tué par un simple policier qu'assassiné par son pays et par toutes les peurs qui ont marqué ce pays dès sa naissance.

Aujourd'hui, l'expression « réforme de la police » est en vogue, et les agissements de nos gardiens rétribués sur fonds publics attirent autant l'attention du président que celle du quidam de base. Tu as peut-être entendu parler de ces discussions sur la diversité, la formation à la sensibilisation et les caméras corporelles. Tout ça, c'est très bien, et on peut le mettre en pratique, mais c'est aussi une manière de sous-évaluer la tâche et de permettre aux citoyens de ce pays de prétendre qu'il existe une différence notable entre leur propre attitude et celle des gens qui ont pour fonction de les protéger. La vérité est que la police est le reflet de l'Amérique, dans tous ses fantasmes et toutes ses peurs, et quoi qu'on puisse penser de la politique de ce pays en matière de justice pénale, on ne peut pas dire que cette politique a été imposée par une minorité répressive. Les abus qui ont découlé de ces choix politiques – l'État carcéral tentaculaire, la détention arbitraire des Noirs, la torture de suspects – sont les produits d'une volonté démocratique. Critiquer la police, c'est donc critiquer le peuple américain. Ce même peuple qui envoie ses agents dans les ghettos, armés de ces peurs qui se nourrissent toutes seules, ces peurs qui poussaient les gens qui se croient blancs à fuir les villes pour se réfugier dans le Rêve[1]. Le problème, avec la police, n'est pas qu'elle est constituée de porcs fascistes, mais que notre pays est dirigé par des porcs majoritaires.

Assis ce jour-là dans la chapelle Rankin, j'avais déjà un peu conscience de tout ça, même si je n'étais pas encore capable de l'exprimer. Pardonner au tueur de Prince Jones me paraissait donc hors de propos. Ce tueur était la traduction directe de toutes les croyances de son pays. Élevé dans la lucidité, dans le rejet d'un quelconque Dieu chrétien, je ne pouvais déceler aucun dessein supérieur dans la mort de Prince. Je croyais, et je crois toujours, que notre être se résume à notre corps, que notre âme n'est que l'énergie électrique irriguant nos nerfs et nos neurones, et que notre esprit est notre chair. Prince Jones était un être unique, et ils avaient détruit son corps, écorché ses épaules et ses bras, arraché la peau de son dos, essoré ses poumons, ses reins, son foie. J'étais là, à me trouver hérétique, ne croyant qu'à cette vie unique et qu'à l'existence du corps. Pour le crime de la destruction du corps de Prince Jones, je ne croyais pas au pardon. Lorsque les membres de l'assemblée ont baissé la tête pour prier, je suis resté à l'écart, car je ne pensais pas que le vide répondrait.

Les semaines ont passé. Des détails écœurants remontaient lentement à la surface. Le policier était connu pour être un menteur. Un an auparavant, il avait arrêté un homme en maquillant des preuves. Les procureurs avaient été obligés d'abandonner tous les dossiers dans lesquels il était impliqué. Il avait été rétrogradé, puis on l'avait réhabilité et relâché dans la rue afin qu'il continue son travail. À présent, avec de nouvelles informations, un récit cohérent commençait à prendre forme. Le policier était un infiltré, se faisait passer pour un dealer. Sa mission était de suivre un homme dont la taille était de 1,63 m pour 113 kg. Nous savons grâce au médecin légiste que le corps de Prince faisait 1,91 m et pesait 96 kg. Nous savons que l'autre homme, le vrai, a été appréhendé un peu plus tard. Les charges qui pesaient contre lui ont été abandonnées. Rien de tout ça n'avait d'importance. Nous savons que ses supérieurs avaient envoyé ce policier pour suivre Prince depuis le Maryland jusqu'à Washington, puis en Virginie, où il lui avait tiré dessus à plusieurs reprises. Nous savons que le policier s'est présenté à Prince l'arme dégainée, et sans insigne. Nous savons que le policier affirme qu'il a tiré parce que Prince avait essayé de l'écraser avec sa Jeep. Nous savons que les autorités chargées de l'enquête sur ce meurtre ont très peu enquêté sur le policier et fait tout ce qui était en leur pouvoir pour enquêter sur Prince Jones. Cette enquête n'a produit aucune information susceptible d'expliquer pourquoi Prince Jones aurait soudainement décidé de changer de plan de carrière, quittant l'université pour se vouer au métier de tueur de flics. Ce policier, à qui on avait donné les pouvoirs, n'a été jugé responsable qu'au minimum. Aucun chef d'accusation ne lui a été notifié. Il n'a été puni par personne. On l'a remis au travail.

À certains moments, je m'imaginais, comme Prince, poursuivi à travers plusieurs juridictions par un homme attifé comme un criminel. Et j'étais horrifié, parce que je savais ce que j'aurais fait si j'étais tombé face à face avec un homme pareil, son arme braquée sur moi, à quelques mètres à peine de la maison de ma famille. « Prends soin de mon bébé », avait dit ta grand-mère, ce qui voulait dire « Prends soin de ta nouvelle famille ». Je connaissais désormais les limites de ma capacité de protection, l'étendue de ce pouvoir, décidée par un ennemi aussi ancien que l'État de Virginie. Je pensais à toutes les belles personnes noires que j'avais vues à La Mecque, toutes ces variations, tous ces cheveux différents, leurs langues différentes, toutes leurs histoires et leur géographie, leur étonnante humanité, et rien de tout ça ne pouvait les sauver des stigmates du pillage et de la pesanteur de notre monde particulier. Il m'est alors venu à l'esprit que tu n'y échapperais pas, que des gens affreux avaient des projets pour toi, et que j'étais incapable de les contrecarrer. Prince Jones était l'expression superlative de toutes mes peurs. Et si lui, bon chrétien, enfant d'une classe laborieuse qui avait fait tout son possible, saint patron des bons élèves, pouvait être arrêté net, qui dans ce cas pouvait y échapper ? En outre, cette destruction n'était pas seulement celle de Prince. Pense à tout l'amour qui lui a été donné. Pense aux frais de scolarité de son école Montessori et au prix de ses cours de musique. Pense à l'essence consommée, aux pneus usés pour l'emmener à des matchs de football américain, à des tournois de basket, à la Little League de base-ball. Pense au temps passé à organiser les nuits où il dormait chez un copain. Pense aux goûters d'anniversaire-surprise, à la crèche, aux vérifications des références des baby-sitters. Pense aux encyclopédies *World Book* et *Childcraft*[2]. Pense aux chèques envoyés pour faire développer des photos de famille. Pense aux cartes de crédit débitées pour les vacances. Pense aux ballons de foot, aux kits scientifiques, aux boîtes de « petit chimiste », aux circuits de voitures, aux trains électriques. Pense à tous les câlins, à toutes les blagues, aux habitudes, aux saluts, aux noms, aux rêves, pense à tout le savoir partagé d'une famille noire qui avait été injecté dans ce vaisseau de chair et d'os. Et pense à la manière dont ce vaisseau de chair et d'os a été saisi, éparpillé sur le béton, à la manière dont tout ce qu'il avait reçu, toutes les choses sacrées qu'il contenait, s'est retrouvé par terre. Pense à ta mère, qui n'a pas de père. Et à ta grand-mère, qui a été abandonnée par son père. Et à ton grand-père, qui a été oublié par son père. Et pense à la fille de Prince, à tout jamais enrôlée dans ces rangs solennels, privée de son droit de naissance : le vaisseau qu'était son père, débordant de vingt-cinq ans d'amour, lui-même légataire de l'amour de ses grands-parents, et destiné à devenir son propre héritage.

À présent, la nuit, je te tenais dans mes bras et une immense peur me saisissait, aussi vaste que toutes les générations de nos ancêtres américains. À présent, je comprenais vraiment mon père et sa vieille rengaine – « Soit c'est moi qui le bats, soit ce sera la police. » Je comprenais tout – les câbles, les rallonges électriques, tout le rituel. Les Noirs aiment leurs enfants de façon un peu obsessionnelle. Vous êtes tout ce que nous possédons, et vous venez à nous en étant déjà vulnérables. Je crois que nous préférerions vous tuer nous-mêmes plutôt que de vous voir tués par les rues créées par l'Amérique. C'est la philosophie de ceux qui ont perdu leur corps, des gens qui n'ont de contrôle sur rien, qui ne peuvent rien protéger, qui sont amenés à craindre non seulement les criminels en leur sein mais aussi la police qui règne sur eux avec l'autorité morale d'une mafia officielle. C'est seulement après ta naissance que j'ai compris la nature de cet amour, la façon dont ma mère agrippait ma main. Elle savait que la galaxie elle-même pouvait me tuer, que mon être entier pouvait être réduit en poussière et que son héritage tout entier pouvait être renversé sur le trottoir comme le vin d'un clochard. Elle savait aussi que personne ne serait tenu responsable de cette destruction, car ma mort ne serait le fait d'aucun être humain : seulement le résultat d'un malencontreux mais immuable fait « racial » que le jugement impénétrable de dieux invisibles imposait à un pays innocent. Un tremblement de terre ne peut pas être cité à comparaître. Un typhon ne plie pas devant la menace d'une inculpation. Ils ont donc renvoyé le meurtrier de Prince Jones à son travail, car ce n'était pas du tout un tueur. C'était une force de la nature, l'agent impuissant des lois de la nature.

Tout cet épisode a transformé ma peur en une rage qui me consumait à l'époque, m'anime encore aujourd'hui et dont le feu brûlera sans doute en moi pour le restant de mes jours. Il me restait toujours le journalisme. Ma réaction a été, à ce moment-là, d'écrire. J'avais la chance d'avoir l'écriture pour moi. La plupart des gens doivent avaler ces couleuvres cul sec et avec le sourire. J'ai donc écrit sur l'histoire de la police du comté de Prince George. Rien ne m'avait jamais semblé aussi essentiel. Au tout début, voici ce que je savais : le policier qui avait tué Prince Jones était noir. Les politiciens qui lui avaient attribué le pouvoir de tuer étaient noirs. Beaucoup de ces politiciens noirs, anciens premiers de la classe, semblaient indifférents. Comment était-ce possible ? C'était pour moi comme un retour à Moorland, à ses grands mystères. Mais je n'avais plus besoin de remplir des fiches pour emprunter des livres : l'Internet, devenu un formidable instrument de recherche, s'était développé. Ça doit te sembler bizarre. Pendant toute ta vie, à chaque fois que tu t'es posé une question, il t'a suffi de la taper sur un clavier, de la voir apparaître dans une boîte rectangulaire flanquée du logo d'une grosse entreprise, et après quelques secondes tu te noyais dans le flot des réponses potentielles. Mais je me souviens encore, moi, de l'époque où les machines à écrire servaient à quelque chose, de l'avènement du Commodore 64, de cette époque où une chanson que tu aimais bien avait son petit moment de gloire à la radio avant de disparaître dans le néant. J'ai bien dû voir passer cinq ans avant d'entendre à nouveau les Mary Jane Girls chanter *All Night Long*. Pour un jeune homme comme moi, l'invention de l'Internet aura été aussi importante que celle du voyage dans le temps.

Ma curiosité, dans l'affaire Prince Jones, m'a ouvert à tout un monde fait de coupures de presse, d'histoire et de sociologie. J'ai appelé des politiciens et je les ai interrogés. On m'a répondu que les citoyens étaient plus enclins à demander la protection de la police qu'à se plaindre de sa brutalité. On m'a dit que les citoyens noirs de PG County étaient à l'aise avec ça et qu'ils éprouvaient une forme d'exaspération envers le crime. J'avais déjà vu passer ces théories, à l'époque où je faisais mes recherches à Moorland, me frayant un chemin parmi les batailles à l'intérieur et autour de la communauté noire. Je savais que ces théories, même relayées par des Noirs, justifiaient la multiplication des prisons, la création des ghettos et des cités, minimisaient l'importance de la destruction du corps noir devant les exigences du maintien de l'ordre. Selon ces théories, la « sécurité » était une valeur supérieure à la justice, peut-être même la valeur ultime. Je le comprenais. Qu'est-ce que je n'aurais pas donné, à Baltimore, pour qu'une rangée de policiers, agents de mon pays et de ma communauté, patrouille le long de mon trajet vers l'école ! Mais des policiers comme ça, il n'y en avait pas ; à chaque fois que je voyais la police, ça signifiait que quelque chose de mal s'était déjà passé. De plus, je gardais toujours à l'esprit que pour certains – ceux qui vivaient dans le Rêve – le débat était d'une nature différente. Leur « sécurité », c'était l'école, les portefeuilles d'actions et les gratte-ciel. La nôtre, c'était des hommes armés voués à nous considérer avec le même mépris que la société qui les envoyait.

Or l'insécurité ne fait que mettre des bornes à ta perception de la galaxie. Je n'ai jamais imaginé, par exemple, que je pourrais – ou même que je devrais souhaiter – habiter à New York. J'aimais Baltimore. J'aimais le magasin Charley Rudo[3] et les soldes sur le trottoir à Mondawmin. J'aimais m'installer sur le perron avec ton oncle Damani et attendre que Frank Ski passe *Fresh Is The Word*[4]. J'ai toujours pensé que j'étais destiné à revenir dans ma ville après la fac – pas seulement parce que j'aimais Baltimore, mais parce que je ne m'autorisais pas à imaginer grand-chose d'autre. Cette imagination étriquée, je la dois à mes chaînes. Pourtant, certains d'entre nous voient vraiment plus loin.

J'ai rencontré beaucoup de ces gens-là à La Mecque – ton oncle Ben par exemple, qui avait grandi à New York, et avait été obligé de se considérer lui-même comme un Afro-Américain évoluant parmi les Haïtiens, les Jamaïcains, les Juifs hassidiques et les Italiens. Il n'était pas le seul. Tous ces gens-là, sous l'influence d'un professeur, d'une tante, d'un grand frère, avaient pu jeter un œil par-dessus le mur lorsqu'ils étaient enfants, et, une fois devenus adultes, ils étaient capables d'avoir une vision d'ensemble. Ces Noirs sentaient, tout comme moi, que leurs corps pouvaient être éliminés en un éclair, mais ça créait chez eux une forme différente de peur, qui les propulsait à travers le cosmos. Ils passaient des semestres entiers à l'étranger. Je n'ai jamais su ce qu'ils y faisaient, ni pourquoi. Mais ça m'a peut-être permis de sentir que je manquais d'ambition. C'est sans doute la raison pour laquelle j'ai aimé chacune des filles que j'ai aimées : elles étaient des passerelles vers l'ailleurs. Ta mère, qui en savait beaucoup plus long que moi sur le monde, était tombée amoureuse de New York par le biais de la culture – *Izzy et Sam*, *Diamants sur canapé*, *Working Girl*, Nas et le Wu-Tang[5]. Elle a trouvé un boulot stable, et je l'ai suivie, comme un passager clandestin ou presque, parce qu'à l'époque, personne à New York ne me payait pour écrire grand-chose. Le peu d'argent que je gagnais, en écrivant une critique d'album ou de livre, couvrait à peu près deux factures d'électricité par an.

Nous sommes arrivés deux mois avant le 11 septembre 2001. Je suppose que tous les gens qui étaient à New York ce jour-là ont une histoire à raconter. Voici la mienne : le soir même, j'étais sur le toit d'un immeuble en compagnie de ta mère, de ta tante Chana et de son petit ami, Jamal. Nous discutions en observant les impressionnantes traînées de fumée qui recouvraient l'île de Manhattan. Chacun connaissait quelqu'un qui connaissait une personne disparue. Mais en regardant les ruines de l'Amérique, je suis resté froid. J'avais mes propres désastres à affronter. Le policier qui avait tué Prince Jones, comme tous les policiers qui nous considèrent avec tant de méfiance, était l'épée de la citoyenneté américaine. Jamais je ne considérerai le moindre citoyen américain comme quelqu'un de pur. La ville et moi, nous étions désynchronisés. Je ne pouvais m'empêcher de penser que toute la partie sud de Manhattan avait toujours été Ground Zero pour nous. C'était là qu'ils vendaient nos corps aux enchères, dans ce quartier soudain dévasté qu'on appelait, à juste titre, le quartier de la finance. Il y avait même eu là une fosse commune pour les gens vendus aux enchères. On avait construit un grand magasin sur une partie de cette fosse et on avait ensuite essayé d'ériger un bâtiment gouvernemental sur une autre partie. Seule une communauté de personnes noires de bon sens avait empêché cette construction. Je n'avais pas formé de théorie cohérente à partir de tout ça. Mais je savais que Ben Laden n'était pas le premier à faire régner la terreur dans cette partie de la ville. Je ne l'ai jamais oublié. Ne l'oublie pas non plus. Pendant les jours qui ont suivi, j'ai observé les ridicules défilés de drapeaux, le machisme des pompiers, les slogans pleins de colère. Qu'ils aillent tous au diable. Prince Jones était mort. Qu'ils aillent en enfer, ceux qui nous demandent d'être de bons petits soldats et nous tirent dessus quand même. Qu'elle aille en enfer, la peur ancestrale qui soumet les parents noirs à la terreur. Et qu'ils aillent en enfer, ceux qui pulvérisent le vaisseau sacré.

Je ne percevais aucune différence entre le policier qui avait tué Prince Jones et les policiers ou les pompiers qui étaient morts. À mes yeux, ils n'étaient pas humains. Noirs, blancs, peu importe, ils étaient les grandes catastrophes naturelles ; ils étaient le feu, la comète, la tempête, qui pouvaient – sans aucune justification – réduire mon corps en miettes.

J'ai vu Prince Jones, une dernière fois, vivant et entier. Il était devant moi. Nous étions dans un musée. J'avais l'impression, à ce moment-là, que sa mort n'avait été qu'un rêve affreux. Non, une prémonition. Je tenais une occasion de l'avertir.

Je me suis dirigé vers lui, j'ai frappé son poing du mien et j'ai ressenti toute la chaleur de l'arc-en-ciel, la chaleur de La Mecque. Je voulais lui dire de faire attention aux pillards. Mais lorsque j'ai ouvert la bouche, il s'est contenté de remuer la tête et s'est éloigné.

À Brooklyn, nous vivions dans un appartement en sous-sol dont je ne pense pas que tu te souviennes, dans la même rue qu'oncle Ben et sa femme, ta tante Janai. Ce n'était pas une époque très heureuse. Je me souviens d'avoir emprunté deux cents dollars à Ben et que ça me faisait l'effet d'un million. Je me souviens de la visite de ton grand-père à New York. Il m'a emmené dans un restaurant éthiopien, après quoi je l'ai raccompagné à la station de métro de West Fourth Street. Nous nous sommes dit au revoir avant de nous séparer. Il m'a rappelé. Il avait oublié quelque chose. Il m'a tendu un chèque de cent vingt dollars. Je te dis ça parce que tu dois comprendre, quel que soit le sujet dont nous parlons, que si je n'ai pas toujours eu des choses matérielles, j'avais des gens – *j'ai toujours eu des gens autour de moi*. J'avais une mère et un père, que je n'aurais échangés pour rien au monde. J'avais un frère, qui m'a protégé pendant toute l'université. J'avais La Mecque, qui me donnait une direction. J'avais des amis, qui se seraient jetés sous un bus pour moi. Tu dois savoir que j'étais aimé, que malgré mon absence de sentiment religieux, j'ai toujours aimé les gens de mon entourage et que ce vaste amour est directement lié à l'amour particulier que j'éprouve pour toi. Je me souviens des vendredis soir sur le perron de Ben : nous buvions du Jack Daniel's en discutant de la course à la mairie ou de la ruée vers la guerre. Mes semaines me semblaient vides. Je postulai pour divers magazines, sans succès. Ta tante Chana m'a prêté encore deux cents dollars ; j'ai tout claqué dans une formation foireuse pour être barman. J'ai livré de la nourriture pour un petit *deli*[6] de Park Slope. À New York, tout le monde voulait toujours savoir ce que tu faisais dans la vie. Je répondais : « J'essaie d'être écrivain. »

Parfois, je prenais le métro vers Manhattan. Il y avait tellement d'argent partout, de l'argent qui débordait des bistrots et des cafés, de l'argent qui propulsait les gens à des vitesses incroyables le long des avenues immenses, de l'argent qui attirait un trafic intergalactique sur Times Square, de l'argent dans les vieilles pierres, de l'argent sur West Broadway, où des Blancs jaillissaient de bars à vins avec des verres qui débordaient et sans que la police s'en mêle. Je voyais ces gens en boîte, soûls, rigolards, défiant les *breakdancers* dans des *battles*[7]. Ils se faisaient détruire, humilier dans ces défis. Mais, après coup, ils tendaient leur poing, riaient de plus belle, commandaient d'autres bières. Ils n'avaient vraiment pas peur. Je ne comprenais rien, jusqu'à ce que je fasse attention à ce qui se passait dans la rue. Alors, j'ai vu des parents blancs, derrière de grosses poussettes à deux places, marcher sur des boulevards de Harlem en voie de gentrification, habillés de tee-shirts et de shorts de jogging. Ou d'autres parents, perdus dans leur conversation tandis que leurs enfants dominaient des trottoirs entiers avec leurs tricycles. La galaxie leur appartenait et, alors que nous apprenions la terreur à nos enfants, j'ai compris que ces parents, eux, apprenaient la maîtrise et la domination aux leurs.

Ainsi, lorsque je te promenais dans ta poussette vers d'autres parties de la ville – le West Village par exemple – parce que je croyais quasi instinctivement qu'il fallait absolument que tu voies d'autres endroits, je me souviens que je me sentais mal à l'aise, comme si j'avais emprunté un bijou de famille à quelqu'un, comme si j'étais en train de voyager sous un faux nom. Pendant toute cette période, tu grandissais, tu apprenais des mots, tu découvrais des sentiments ; toi, mon beau garçon brun de peau, qui allais bientôt entrer dans la connaissance, qui allais bientôt comprendre les lois de ta propre galaxie, et tous les phénomènes d'extinction massive qui lorgnaient vers toi avec un très vif intérêt.

Tu allais devenir un homme, et je ne pourrais pas t'empêcher de subir la distance infranchissable qui te séparerait de tes futurs pairs et collègues, lesquels tenteraient peut-être de te convaincre que tout ce que je sais, toutes les choses que je partage dans ce livre avec toi ne sont qu'illusion, ou font partie d'un passé lointain dont il est inutile de parler. Je ne pourrais pas te protéger contre la police, ses lampes-torches, ses mains, ses matraques et ses armes. Prince Jones, assassiné par ceux qui auraient dû être ses gardes du corps et assurer sa sécurité, m'accompagne toujours, et je savais que bientôt il t'accompagnerait aussi.

À cette époque, justement, quand je sortais de la maison, dès que je tournais sur Flatbush Avenue, mon visage se tendait comme le masque d'un lutteur mexicain. Je lançais des regards furtifs tout autour de moi, les bras souples, agiles, prêts.

Ce besoin d'être toujours sur ses gardes, c'était une gigantesque dépense d'énergie, comme le lent siphonnage d'un réservoir d'essence. Il contribuait au déclin rapide de nos corps. Je ne craignais donc pas seulement la violence de ce monde mais aussi les règles conçues pour t'en protéger, les règles qui allaient imposer à ton corps des contorsions pour affronter le quartier, d'autres contorsions pour être pris au sérieux par tes collègues, et d'autres contorsions encore pour ne pas donner de prétexte à la violence policière. Toute ma vie, j'avais entendu des gens dire à leurs filles et leurs garçons noirs d'être « deux fois meilleurs », ce qui revient à dire « accepte d'avoir deux fois moins ». Ces paroles étaient prononcées sur un ton de déférence religieuse, comme si elles recelaient quelque qualité tacite, quelque imperceptible courage, alors qu'en fait elles ne prouvaient qu'une chose : on avait un fusil pointé sur le front et une main qui nous faisait les poches. C'est comme ça que nous perdons notre douceur. C'est comme ça qu'ils nous arrachent notre sourire. Personne ne disait à ces petits enfants blancs, avec leurs tricycles, d'être deux fois meilleurs. J'imaginais plutôt leurs parents leur conseiller de se servir deux fois plus. Il me semblait que le pillage redoublait d'intensité à cause de nos propres règles. Voilà ce qui me frappait : le trait commun caractéristique de tous ceux qu'on rangeait dans la catégorie de la race noire, c'était l'inévitable soustraction du temps, car ces instants passés à préparer notre masque – ou à nous préparer à devoir accepter deux fois moins – ne pouvaient jamais être rattrapés. L'unité de mesure de cette soustraction du temps, ce n'est pas la vie entière, mais l'instant. C'est la dernière bouteille de vin, celle qu'on vient de déboucher mais qu'on n'a pas le temps de boire. C'est le baiser qu'on n'a pas le temps d'échanger avec cette fille avant qu'elle disparaisse à jamais de notre vie. Pour eux, c'est le radeau des deuxièmes chances ; pour nous, des journées de vingt-trois heures.

Une après-midi, ta mère et moi t'avons emmené avec nous visiter une école maternelle. La personne qui nous a accueillis nous a conduits dans un grand gymnase rempli d'un joyeux mélange ethnique d'enfants new-yorkais. Ces enfants couraient, sautaient, tombaient. Tu as jeté un regard vers eux, tu nous as plantés là et tu as foncé dans la mêlée. Tu n'as jamais eu peur des gens, du rejet ; je t'ai toujours admiré pour ça et j'ai toujours eu peur pour toi à cause de ça. Je te regardais rire et gambader avec ces enfants que tu connaissais à peine, et le mur a surgi en moi. J'ai senti que j'aurais dû te prendre par le bras, t'attirer vers moi et te dire : « On ne connaît pas ces gens ! Fais attention ! » Je ne l'ai pas fait. J'étais en train de mûrir à l'époque, et même si j'étais incapable de nommer précisément mon angoisse, je savais déjà qu'elle n'avait rien de noble. Je comprends maintenant à quel point ce que je pensais devoir faire était pesant – demander à un enfant de quatre ans de faire attention, d'être prudent, perspicace ; couper court à ton bonheur, te soumettre à la perte du temps. Et aujourd'hui, en comparant cette peur à la hardiesse que les maîtres de la galaxie transmettaient à leurs enfants, j'ai honte.

En soi New York était un autre genre d'arc-en-ciel, et l'immense diversité dont j'avais été témoin à Howard, parmi les Noirs seulement, s'étendait désormais à l'échelle d'une métropole. Quelque chose de différent surgissait à chaque coin de rue. Ici, un rassemblement de percussionnistes africains sur Union Square. Là, des tours de bureaux vides, rendues à la vie, le soir venu, par les restaurants cachés à l'intérieur et qui servaient des bières et du poulet frit coréen. Ici, des filles noires avec des garçons blancs, et des garçons noirs avec des filles sino-américaines, et des filles sino-américaines avec des garçons dominicains, et des garçons dominicains avec des garçons jamaïcains – et toutes les autres combinaisons possibles. Je marchais dans le West Village, émerveillé devant ces restaurants aussi petits que des salles à manger, et je me rendais compte que la petitesse même de ces restaurants donnait à leurs clients une sorte d'air cool, érudit, comme s'ils étaient en train de rire d'une blague que le reste du monde allait mettre dix ans à comprendre. L'été, c'était irréel : des quartiers entiers de la ville se transformaient en défilés de mode, et les avenues étaient ni plus ni moins que des podiums pour la jeunesse. La chaleur ne ressemblait à rien de ce que j'avais connu, cette chaleur que dégageaient les énormes immeubles, qu'augmentaient les millions de personnes qui s'entassaient dans les wagons du métro, dans les bars, dans ces minuscules restaurants et cafés. Je n'avais jamais vu autant de vie. Je n'avais jamais imaginé que la vie puisse exister dans une si grande variété de formes. C'était comme si toutes les Mecques particulières de chacun s'étaient rassemblées pour former une cité singulière.

Mais lorsque je sortais du métro pour retourner dans mon quartier, à Flatbush Avenue, ou à Harlem, la peur était toujours présente. J'y retrouvais les mêmes gamins, avec le même déhanchement, le même regard assassin et les mêmes codes que ceux que j'avais connus toute ma vie. S'il y avait une différence, à New York, c'était que nous avions davantage de cousins à la peau plus claire, portoricains et dominicains. Mais leurs rituels étaient si proches : leur façon de marcher et de tendre le poing, tout ça m'était très familier. Je me retrouvais ainsi, tous les jours, à traverser plusieurs New York à la fois – dynamiques, brutaux, friqués, parfois tout ça à la fois.

Peut-être te souviens-tu de la fois où nous étions allés voir *Le Château ambulant* dans l'Upper West Side. Tu avais presque cinq ans. Le cinéma était bondé, et pour sortir nous avons emprunté plusieurs Escalators vers le rez-de-chaussée. Une fois dans la rue, tu lambinais, comme un enfant. Une femme blanche t'a poussé dans le dos et t'a dit : « Allez ! » Plusieurs choses ont alors eu lieu. D'abord, la réaction de n'importe quel parent lorsqu'un étranger pose la main sur le corps de son enfant. Ensuite, mon sentiment d'insécurité, de doute sur ma capacité à protéger ton corps noir. Enfin, le sentiment que cette femme abusait de son rang. Je savais, par exemple, qu'elle n'aurait jamais osé pousser un enfant noir dans la partie de Flatbush Avenue que j'habitais, parce qu'elle aurait eu peur et qu'elle aurait senti, sinon su, qu'une mesure de rétorsion allait forcément s'ensuivre. Mais je n'étais pas sur mes terres de Flatbush. Ni à West Baltimore. Et très loin de La Mecque. J'avais oublié tout ça. Je n'étais conscient que d'une chose : quelqu'un avait fait prévaloir ses droits sur le corps de mon fils. Je me suis retourné et je me suis adressé à elle. Mes paroles étaient de feu, elles brûlaient de l'intensité de ce moment particulier et de mon histoire tout entière. La femme s'est rétractée sous le choc. Un homme blanc, à côté de nous, a pris sa défense. Je l'ai perçu comme une tentative de sauver la princesse des griffes du monstre. Il n'avait rien manifesté de similaire pour mon fils. Et il était maintenant soutenu par d'autres personnes blanches dans la foule qui s'amassait. Il s'est approché de moi, a haussé le ton. Je l'ai repoussé. Il m'a alors dit : « Je pourrais vous faire arrêter ! » Je m'en fichais. Je le lui ai dit, et le désir d'aller beaucoup plus loin bouillonnait dans ma gorge. Je ne suis parvenu à contrôler ce désir que parce que je me suis rappelé que quelqu'un était présent et assistait à toute cette scène, qu'il était témoin de plus de fureur qu'il n'en avait jamais vu chez moi – ce quelqu'un, c'était toi.

Je suis rentré à la maison, choqué. J'avais honte d'en être revenu aux lois de la rue, et cette honte se mélangeait à de la rage – « Je pourrais vous faire arrêter ! », ça ne signifiait rien d'autre que « Je pourrais m'emparer de votre corps. »

J'ai raconté cette histoire de nombreuses fois, pas par bravade, mais par besoin d'absolution. Je n'ai jamais été violent. Même lorsque j'étais jeune et que j'adoptais les règles de la rue, tous les gens qui me connaissaient savaient qu'elles ne me convenaient pas. Je n'ai jamais ressenti la fierté censée naître de la légitime défense, de la violence justifiée. Chaque fois que je me battais, peu importait ma rage du moment, je me sentais toujours malade après coup, malade d'avoir cédé à une forme aussi grossière de communication. Si j'étais sensible à la pensée de Malcolm, ce n'était pas par amour de la violence mais parce que rien, dans ma vie, ne m'avait préparé à considérer le gaz lacrymogène comme une délivrance, à l'instar de ces martyrs du Mouvement des droits civiques qu'on honorait lors du Black History Month[8]. Mais, au-delà de la honte que m'inspire ma propre violence, mon plus grand regret est qu'en cherchant à te défendre, en vérité, ce jour-là, je t'ai mis en danger.

« Je pourrais vous faire arrêter », avait donc dit cet homme. C'est-à-dire : « L'un des tout premiers souvenirs de ton fils, ce sera d'avoir vu ceux qui ont sodomisé Abner Louima et étranglé Anthony Baez te frapper, te bastonner, te taser et te casser en deux. » J'avais oublié les règles primordiales ; cette erreur était aussi dangereuse dans l'Upper West Side de Manhattan que dans le Westside de Baltimore. Il ne faut jamais se tromper. Il faut marcher proprement, à la queue leu leu. Il faut travailler en silence. Prévoir un crayon à papier supplémentaire. Ne pas faire d'erreur.

Mais tu es humain. Tu en feras, des erreurs. Tu porteras de jugements erronés. Tu crieras. Tu boiras trop. Tu traîneras avec des gens infréquentables. On ne peut pas tous être Jackie Robinson – Jackie Robinson lui-même n'était pas tout le temps Jackie Robinson[9]. Cependant, le prix de l'erreur est plus élevé pour toi que pour tes compatriotes, et pour que l'Amérique puisse justifier son existence, le récit de la destruction d'un corps noir doit toujours commencer par l'erreur qu'il a commise, réelle ou imaginaire – la colère d'Eric Garner ; les paroles qu'aurait prononcées Trayvon Martin (« Tu vas mourir ce soir ») ; l'erreur de

Sean Bell, qui traînait avec la mauvaise bande ; mon erreur à moi – me tenir trop près du gamin aux petits yeux qui avait sorti son arme.

Toute société, de façon quasi nécessaire, entame sa mythologie glorieuse par le chapitre qui la met le plus en valeur. En Amérique, ces premiers chapitres racontent presque toujours l'action singulière d'individus exceptionnels. « Il suffit d'une personne pour changer les choses », dit-on souvent. Ça aussi, c'est un mythe. Peut-être un seul individu peut-il changer quelque chose, mais ce changement ne suffira pas à mettre ton corps à égalité avec celui de tes compatriotes.

L'histoire factuelle montre que les Noirs ne se sont pas libérés par leurs seuls et uniques efforts – aucun peuple ne l'a jamais fait, sans doute. Derrière chaque grand bouleversement dans la vie des Afro-Américains, on peut deviner des événements indépendants de notre volonté, des événements d'origine multiple. Il est impossible de considérer notre émancipation dans les colonies du Nord sans considérer en même temps le sang versé pendant la Guerre d'indépendance ; il est impossible de séparer notre libération des chaînes de l'esclavage dans le Sud des charniers de la guerre de Sécession ; il est impossible de réfléchir à notre émancipation par rapport aux lois Jim Crow sans réfléchir également aux génocides de la Seconde Guerre mondiale. L'histoire ne s'écrit pas seulement avec nos mains. Et pourtant tu es amené à lutter, non pas parce que la victoire t'est acquise mais parce que la lutte te garantit une vie saine et honorable. J'ai honte de mon comportement ce jour-là, honte d'avoir mis ton corps en danger. Mais si j'ai honte, ce n'est pas parce que j'ai été un mauvais père, un individu mauvais ou malpoli, mal dégrossi. J'ai honte d'avoir commis une erreur, sachant que nos propres erreurs nous coûtent toujours plus cher.

C'est là toute la portée de l'histoire qui nous habite, même si très peu de gens sont disposés à y réfléchir. Si j'avais expliqué à cette femme qu'en poussant mon fils elle perpétuait une tradition selon laquelle les corps noirs sont moins importants que les autres, sa réaction aurait sans doute été : « Je ne suis pas raciste. » Ou peut-être pas. Mon expérience me dit cependant que les gens qui se croient blancs sont obsédés, politiquement, par l'idée d'absolution individuelle. Le mot *raciste* évoque pour eux, sinon l'image d'un rustaud recrachant le jus de son tabac à chiquer, du moins quelque chose de tout aussi improbable – une orque, un troll ou une gorgone. « Je ne suis pas raciste », insistait un comique après avoir été filmé en train de hurler de façon répétée à l'adresse d'un spectateur indiscipliné : « C'est un nègre ! C'est un nègre ! » En parlant du sénateur ségrégationniste Strom Thurmond, Richard Nixon concluait en ces termes : « Strom n'est pas raciste. » Il n'y a pas de racistes en Amérique ; ou, en tout cas, les gens qui ont besoin d'être blancs n'en connaissent aucun à titre personnel. À l'époque des lynchages de masse, il était si difficile de savoir qui, précisément, était le bourreau que de telles morts étaient souvent rapportées par la presse comme ayant eu lieu « des mains de personnes inconnues ». En 1957, les habitants blancs de la ville de Levittown, en Pennsylvanie, ont pris position pour conserver leur droit à la ségrégation. « En tant que citoyens moraux, religieux et respectueux de la loi, écrivaient-ils, nous pensons que notre volonté de maintenir fermée notre communauté est impartiale et non discriminatoire. » Ils tentaient de commettre un acte honteux en échappant à toute sanction, et si je t'en parle, c'est pour te montrer qu'il n'y a jamais eu d'âge d'or pendant lequel les scélérats auraient fait leur besogne tout en la revendiquant haut et fort.

« Nous aimerions pouvoir dire que de telles personnes ne peuvent pas exister, qu'il n'en existe pas, écrit Soljenitsyne. Pour faire le mal, un être humain doit croire tout d'abord que ce qu'il fait est bon, ou bien que c'est un acte mûrement réfléchi et conforme aux lois naturelles. » C'est le fondement du Rêve – ceux qui y adhèrent ne doivent pas se contenter d'y croire, ils doivent aussi croire qu'il est juste, que le fait qu'ils jouissent du Rêve n'est que le résultat naturel de leur courage, de leur honneur et de leurs bonnes œuvres. On reconnaît volontiers, au passage, qu'il y a eu des jours plus sombres, au reste pas assez sombres pour avoir encore des conséquences aujourd'hui. Le courage qu'il faut pour détourner les yeux devant l'horreur de notre système carcéral, devant ces forces de police transformées en armées, devant la longue guerre menée contre le corps noir, ne se forge pas en une nuit. C'est le résultat d'une habitude longuement répétée, celle de s'arracher les yeux et d'oublier l'œuvre de ses propres mains. Reconnaître l'existence de ces horreurs, ce serait divorcer de la version lumineuse du pays tel qu'il s'est toujours présenté, pour se tourner vers quelque chose de plus trouble et d'inconnu. C'est encore trop difficile pour la plupart des Américains. Mais c'est ton travail. Ça doit l'être, ne serait-ce que pour préserver le caractère sacré de ton esprit.

Tout ce qui fonde l'histoire de ce pays contredit ce que tu es. Je repense à cet été dont tu te souviens peut-être très bien. Je vous avais installés, toi et ton cousin Christopher, sur la banquette arrière d'une voiture de location et j'avais tracé jusqu'à Petersburg, la plantation Shirley et la Wilderness[10], pour voir ce qu'il en restait. J'étais obsédé par la guerre de Sécession : six cent mille personnes y avaient trouvé la mort. Pourtant, à l'école, nous l'avions survolée, et dans la culture populaire les représentations de la guerre, tout comme ses motivations, demeuraient obscures. Je savais qu'en 1859 nous étions esclaves et qu'en 1865 nous ne l'étions plus, et ce qui nous est arrivé au cours de ces années-là me semblait très important. Mais chaque fois que je visitais d'anciens lieux de bataille, j'avais l'impression d'être accueilli comme un contrôleur fiscal trop zélé débarquant à l'improviste pendant que quelqu'un essayait de dissimuler des documents compromettants.

Je ne sais pas si tu t'en souviens, mais le film que nous avons vu à Petersburg s'achevait comme si la chute de la Confédération marquait le début d'une tragédie, et non pas d'une période de réjouissance. Tu ne te souviens sans doute pas de cet homme, dans notre visite guidée, qui était habillé de la laine grise de la Confédération, ni du grand intérêt de chaque visiteur pour les manœuvres, les biscuits des rations de guerre, les fusils à canon lisse, la mitraille et les cuirassés, alors qu'à peu près personne ne s'intéressait aux objectifs en vue desquels toute cette technologie, ces inventions et ces créations avaient été conçues. Tu n'avais que dix ans. Mais je savais qu'il était déjà de mon devoir de te perturber, c'est-à-dire de t'emmener là où certaines personnes allaient faire insulte à ton intelligence, où des voleurs allaient essayer de te faire participer au hold-up de ta propre vie en camouflant leurs bûchers et les effets de leur pillage sous le masque de la charité chrétienne. Pourtant il s'agit d'un vol, ni plus ni moins, et ça a toujours été le cas.

Au début de la guerre de Sécession, nos corps volés valaient quatre milliards de dollars, plus que toute l'industrie américaine, tous les chemins de fer américains, tous les ateliers et toutes les usines, et l'excellent produit créé par nos corps volés – le coton – était la principale ressource d'exportation de l'Amérique. Les hommes les plus riches du pays vivaient dans la vallée du Mississippi, et ils amassaient leur richesse sur nos corps volés. Nos corps ont été enchaînés par les premiers présidents. Ils étaient vendus depuis la Maison-Blanche par James K. Polk[11]. Nos corps ont construit le Capitole et le National Mall[12]. Le premier coup de feu de la guerre a été tiré en Caroline du Sud, où nos corps représentaient la majorité des corps humains de l'État. Voilà la raison de cette grande guerre. Ce n'est pas un secret. Mais on peut mieux faire encore, et surprendre le bandit en train d'avouer son crime. « Notre position est totalement alignée sur l'institution de l'esclavage », déclarait le Mississippi en quittant l'Union, « et l'esclavage représente l'intérêt matériel le plus important du monde ».

Est-ce que tu te souviens de cette journée pendant laquelle, avec ta mère, au cours de l'une de nos visites à Gettysburg, nous nous sommes retrouvés devant la maison d'Abraham Brian ? Nous étions en compagnie d'un jeune homme qui avait appris tout seul l'histoire des Noirs de Gettysburg. Ce jour-là, il nous a expliqué que la ferme de Brian était à l'extrémité du front attaqué par George Pickett au dernier jour de la bataille. Il nous a aussi expliqué que Brian était noir, que Gettysburg accueillait une communauté libre de Noirs, que Brian et sa famille avaient fui leur maison par peur de perdre leurs corps sous l'avancée de l'armée esclavagiste, menée par l'honorable et très saint général confédéré Robert E. Lee, dont l'armée était alors occupée à s'emparer de Noirs et à les revendre plus au sud. George Pickett et ses troupes ont été repoussés par l'armée de l'Union. Un siècle et demi plus tard, au même endroit, j'ai repensé à ce passage célèbre de Faulkner dans lequel un personnage se remémore combien cet échec tourmentait les esprits de tous les *boys* sudistes : « Tout est en suspens, ce n'est pas encore arrivé, cela n'a même pas commencé[13]... » Tous ces garçons sudistes de Faulkner étaient blancs. Mais moi, devant la ferme d'un Noir qui fuyait avec sa famille pour rester libre et se protéger de l'avancée du Sud, j'imaginais les soldats de Pickett en train de charger à travers l'histoire, dans la poursuite sauvage de leur étrange droit de naissance – le droit de battre, de violer, de voler et de piller le corps noir. Voilà tout ce qui était « en suspens », voilà le noyau corrompu et indicible de ce petit moment de nostalgie.

La réunification américaine s'est construite sur un récit confortable qui faisait de l'esclavage une forme de bienveillance et transformait les voleurs de corps en chevaliers blancs, et considérait le massacre de masse propre à la guerre comme une sorte d'épreuve sportive dont on pouvait dire que les deux camps avaient conduit leurs affaires avec courage, honneur et panache. Ce mensonge de la guerre de Sécession est le mensonge de l'innocence ; c'est le Rêve. Ce Rêve, ce sont les historiens qui l'ont fait apparaître. Hollywood l'a renforcé. Le Rêve a été enluminé d'or par les romans et les récits d'aventures. Quand John Carter fuit la Confédération défaite pour Mars[14], nous ne sommes pas censés nous demander ce qu'il fuyait précisément. Comme tous les gamins que je connaissais, j'adorais *Shérif, fais-moi peur*. Mais j'aurais mieux fait de me demander pourquoi deux hors-la-loi, conduisant une voiture appelée General Lee, devaient absolument être présentés comme « deux bons garçons, qui ne veulent de mal à personne » – mantra parfait pour les Rêveurs, s'il en est. Or ce que les gens disent « ne pas vouloir » n'a pas d'importance, ni la moindre pertinence. Tu n'as pas besoin de croire que le policier qui a étranglé Eric Gardner est sorti ce matin-là dans le but de détruire un corps. Tout ce que tu dois comprendre, c'est que ce policier porte en lui le pouvoir et la puissance d'un État américain et le poids de l'héritage national, deux choses qui font que parmi l'ensemble des corps détruits chaque année, le nombre de corps noirs est bien supérieur, et ceci dans des proportions hallucinantes.

Voilà ce que je voudrais que tu saches : en Amérique, la destruction du corps noir est une tradition – *un héritage*. L'esclavage n'a pas consisté simplement à emprunter la force de travail des Noirs : il n'est pas si facile de demander à un être humain d'engager son corps dans une activité qui va à l'encontre de son intérêt le plus élémentaire. L'esclavage doit donc être fait de violents coups de colère, de massacres perpétrés au hasard, de visages balafrés et de cerveaux qui explosent au-dessus d'une rivière alors que les corps cherchent à s'échapper. L'esclavage implique le viol, répété avec une telle régularité qu'il en devient industriel. Il n'y a pas de manière exaltante de dire ça. Je n'ai pas de chants de prière à te proposer, ni de vieux negro-spirituals. L'esprit et l'âme, ce sont le corps et le cerveau, qui ne sont pas indestructibles – c'est précisément la raison pour laquelle ils sont si précieux. Pendant l'esclavage, l'âme ne s'échappait pas. L'esprit ne filait pas non plus à tire-d'aile sur un air de gospel. L'âme, c'était le corps qui nourrissait le tabac ; l'esprit, c'était le sang qui arrosait le coton ; à eux deux, ils ont fait pousser les premiers fruits du jardin américain. Ces fruits étaient gardés et protégés grâce aux raclées qu'on administrait aux enfants avec le bois de chauffage, grâce au fer brûlant qui épluchait la peau comme une feuille de maïs.

Il fallait du sang. Il fallait que des ongles cisaillent les langues, il fallait tailler, couper les oreilles. « Un peu de désobéissance, écrivait une *mistress* sudiste. Beaucoup d'oisiveté, de morosité, de négligence dans la tenue. J'ai dû donner le bâton. » Il fallait encore des raclées, cette fois pour les petites mains de la cuisine, dont le crime était d'avoir baratté le lait sans se presser. Une femme pouvait être « encouragée (...) par trente coups de fouet le samedi et autant le mardi. » On utilisait forcément les fouets de cocher, les pinces, les tisonniers, les scies, les pierres, les presse-papiers, tout ce qui pouvait servir à casser le corps noir, la famille noire, la communauté noire, la nation noire. Les corps étaient pulvérisés, ils étaient devenus un simple stock, pour lequel on contractait une assurance. Les corps, aussi lucratifs que les terres indiennes, permettaient de rêver à une véranda, à une belle épouse ou à une maison de vacances à la montagne. Pour les hommes qui avaient besoin de se croire blancs, les corps étaient le sésame d'un club mondain ; le droit de casser les corps était la marque de la civilisation. « La grande division de la société ne se fait pas entre riches et pauvres, mais entre Blancs et Noirs », disait le grand sénateur de Caroline du Sud, John C. Calhoun. « Et les premiers, pauvres autant que riches, appartiennent à la classe supérieure et sont respectés et traités comme des égaux. » Tout est dit : le droit de casser le corps noir, voilà la signification donnée à leur sacro-sainte égalité. Ce droit a toujours donné un sens à leur vie, a toujours signifié qu'il y avait quelqu'un tout au fond de la vallée, parce qu'une montagne n'est pas une montagne s'il n'y a rien en bas[1].

1. Thavolia Glymph, *Out of the House of Bondage**.

Toi et moi, fils, nous sommes ce « bas ». C'était vrai en 1776. C'est vrai aujourd'hui. Ils ne sont rien sans toi, et sans le droit de te casser en deux ils ne peuvent que tomber du haut de la montagne, perdre leur divinité et s'écrouler hors du Rêve. Ils devraient alors trouver comment construire leurs banlieues pavillonnaires sur autre chose que des ossements humains, comment faire de leurs prisons autre chose que des parcs à bestiaux, comment fonder une démocratie indépendante du cannibalisme. Mais parce qu'ils croient être blancs, ils préfèrent accepter qu'un homme puisse être étranglé à mort et filmé sous l'égide de leurs lois. Ils préfèrent croire au mythe de Trayvon Martin, adolescent fluet, les mains pleines de bonbons et de boissons sans alcool, ce mythe qui l'a transformé en une machine à tuer. Ils préfèrent voir Prince Jones poursuivi par un flic pourri à travers trois juridictions différentes et abattu pour avoir agi comme un être humain. Ils préfèrent enfin, en toute conscience, pousser mon fils de quatre ans dans le dos comme s'il n'était qu'un simple obstacle sur le chemin de leur journée si importante.

J'étais là, Samori. Non. J'étais de retour à Baltimore, encerclé par ces gamins. J'étais sur le sol du salon, chez mes parents, le regard perdu vers ce monde lointain et impénétrable. J'étais noyé dans toute cette colère. J'en étais au même point qu'Eric Garner lors de ses derniers instants – « Ça s'arrête aujourd'hui », a-t-il dit avant d'être tué. Je ressentais l'injustice de l'univers, sans la comprendre vraiment. Je n'avais pas encore été à Gettysburg. Je n'avais pas lu Thavolia Glymph. Tout ce que j'éprouvais, c'était un sentiment, un poids. Je ne savais pas encore, et je ne sais pas encore tout à fait aujourd'hui. Mais parmi les choses que je sais, il y a que vivre parmi les Rêveurs est un fardeau, et que c'est un fardeau supplémentaire que d'entendre ton pays t'expliquer que le Rêve est juste, noble, réel, et que tu es fou d'y voir de la corruption et d'y sentir l'odeur du soufre. Pour préserver leur innocence, ils invalident ta colère et ta peur jusqu'à ce que tu te mettes à aller et venir dans tous les sens, à fulminer contre toi-même – « Il n'y a que les Noirs qui... » –, à fulminer réellement contre ta propre humanité et à enrager contre le crime qui a eu lieu dans ton ghetto, parce que tu es impuissant devant l'immense crime historique qui a permis l'existence même des ghettos.

Il est vraiment affreux de devoir se considérer par essence comme le « bas » de son pays. Ça fait voler en éclats trop de choses que nous préférerions penser de nous-mêmes, de nos vies, du monde dans lequel nous évoluons et des gens qui nous entourent. Lutter pour comprendre, c'est notre seul recours pour vaincre cette folie. À l'époque où j'ai visité les lieux de ces batailles, j'avais déjà compris qu'ils avaient été camouflés sous une mise en scène volontairement trompeuse, et c'était mon seul réconfort : personne ne pouvait plus m'insulter avec des mensonges. Je savais. La chose la plus importante que je savais, c'était qu'ils savaient aussi au plus profond d'eux-mêmes. J'aime à penser que si je l'avais su à l'époque, ça m'aurait peut-être empêché de te mettre en danger, que si j'avais compris la nature de ma colère et pris sa mesure, ça m'aurait permis de la contrôler. J'aime à penser que ça m'aurait permis de dire les mots nécessaires à cette femme avant de m'éloigner tranquillement.

J'aime à le penser, mais je ne peux pas le jurer. La lutte, c'est vraiment tout ce que j'ai à te proposer, car c'est la seule part du monde que tu peux contrôler.

Je suis désolé de ne pas pouvoir arranger tout ça. Je suis désolé de ne pas pouvoir te sauver. Mais pas si désolé que ça. Une partie de moi pense que ta vulnérabilité te rapproche du sens de la vie, de la même manière que la volonté de certains de se croire blancs les en éloigne. Le fait est que, malgré tous leurs rêves, leurs vies ne sont pas plus inviolables que les nôtres. Lorsque leur propre vulnérabilité devient réelle – lorsque la police décide que les tactiques conçues pour les ghettos doivent être étendues à leur territoire, lorsque leur société armée abat leurs enfants, lorsque la nature envoie des ouragans sur leurs villes – ils sont choqués comme beaucoup d'entre nous, ayant grandi dans la conscience des causes et des effets, ne le seront jamais. Et je ne te souhaiterais pas de vivre comme eux. La race dans laquelle on t'a rangé fait que tu as toujours le vent de face et les chiens sur les talons. À des degrés divers, ceci est vrai de toute vie. La différence est que tu n'as pas le privilège de vivre dans l'ignorance de ce fait fondamental.

Je te parle comme je l'ai toujours fait – comme l'homme sobre et sérieux que j'ai toujours voulu que tu sois, qui ne s'excuse pas de ses sentiments, qui ne s'excuse pas non plus de sa stature, de ses longs bras, de son beau et large sourire. Tu es en train de grandir en prenant conscience de toutes ces choses, et mon souhait, en ce qui te concerne, est que tu n'éprouves jamais le besoin de te contorsionner pour procurer à d'autres leur confort. Rien de tout ça ne peut changer la donne, de toute façon. Je n'ai jamais voulu que tu sois deux fois meilleur qu'eux, j'ai toujours voulu que tu attaques chaque jour de ta vie – aussi brève que brillante – en luttant. Les gens qui ont besoin de croire qu'ils sont blancs ne doivent jamais te servir de mètre étalon. Je ne voudrais pas que tu te couches dans un rêve. Je voudrais que tu sois un citoyen de ce monde beau et terrible à la fois, un citoyen conscient.

Il y a quelque temps, j'étais à Chicago, où je faisais des recherches pour un article sur l'histoire de la ségrégation dans le nord de la ville et sur la façon dont elle avait été voulue par la politique gouvernementale. J'accompagnais des policiers pendant leur patrouille. Ce jour-là, j'ai vu un homme noir perdre sa maison. J'ai suivi les policiers à l'intérieur, où plusieurs autres étaient déjà en train de parler à sa femme, qui essayait en même temps de s'occuper de ses deux enfants. Il était clair qu'elle n'avait pas été avertie de l'arrivée des services du shérif, même si quelque chose, dans l'attitude de son mari, me laissait penser qu'il devait être au courant. Les policiers se tenaient dans le salon, expliquant à l'homme, par des ordres, ce qui allait maintenant se passer. Dehors attendaient d'autres hommes, qui avaient été engagés pour emporter les biens de la famille. L'homme était humilié ; j'imaginais qu'il avait probablement dû garder pour lui pendant un certain temps les menaces qui pesaient sur sa famille, sans oser se les admettre ni les avouer à sa femme. Toute cette énergie s'était donc transformée en colère, qu'il dirigeait contre les policiers. Il jurait. Il hurlait. Il les montrait du doigt, sauvagement. Le bureau de ce shérif[15] était plus progressiste que la plupart. Il n'avait aucun goût pour l'incarcération de masse. Ses agents amenaient souvent des travailleurs sociaux avec eux pendant les procédures d'expulsion. Mais tout ça n'avait rien à voir avec la logique sous-jacente et implacable du monde habité par cet homme, une logique construite sur des lois elles-mêmes construites sur une histoire elle-même construite sur le mépris de cet homme et de sa famille et de leur destin.

Il continuait sa diatribe. Lorsque les policiers se sont éloignés de lui, il a réorienté sa colère vers le groupe d'hommes noirs qui avaient été engagés pour vider la maison et mettre sa famille à la rue. Son comportement était celui de tous les Noirs impuissants que j'avais toujours connus : il exagérait tous les mouvements de son corps, comme s'il essayait encore de lutter contre un pillage fondamental qu'il n'avait pu empêcher.

J'avais passé la semaine à explorer la ville, déambulant parmi les terrains vagues, observant les gamins désœuvrés, m'asseyant sur les bancs d'églises en sursis, chancelant dans la rue devant les peintures murales dédiées aux morts. Et, de temps en temps, j'entrais dans les humbles foyers des Noirs de cette ville, qui avaient dix décennies d'existence. Ces gens étaient profonds. Leurs logements étaient remplis des emblèmes d'une vie digne – certificats de citoyenneté, portraits de maris et de femmes disparus, plusieurs générations d'enfants vêtus du costume de leur université. Ils avaient su mériter ces récompenses à force de faire le ménage dans d'imposantes demeures pendant qu'ils vivaient dans des chambres sordides de l'Alabama, avant de monter à la ville. Et ils avaient réussi tout ça contre la ville, qui était censée leur accorder un répit mais s'était avérée n'être qu'un autre terrain de pillage, un peu plus complexe. Ils avaient cumulé deux, trois emplois à la fois, mis leurs enfants au lycée et à l'université, et étaient devenus des piliers de leur communauté. Je les admirais, mais je ne perdais jamais de vue que je rencontrais là les survivants, tout au plus : ceux qui avaient enduré le mépris glacial des banques, la fausse sympathie des agents immobiliers – « je suis désolé, cette maison vient d'être vendue hier » – les renvoyant vers des quartiers situés dans les ghettos ou bientôt destinés à devenir des ghettos, le cynisme des prêteurs qui découvraient cette nouvelle classe captive et tentaient de la dépouiller de tout ce qu'elle possédait. Dans ces foyers, je parlais aux meilleurs d'entre eux, mais derrière chacun, je savais que des millions avaient disparu.

Je savais aussi que des enfants étaient nés dans le même genre de cages à poules dans le Westside – dans les mêmes ghettos, tous aussi planifiés que n'importe quelle subdivision administrative. Ces quartiers sont le résultat d'un acte de racisme élégant, ce sont des champs de mort autorisés par les politiques fédérales, où nous sommes, encore une fois, pillés de notre dignité, de nos familles, de nos richesses et de nos vies. Et il n'y a aucune différence entre le meurtre de Prince Jones et ceux qui se produisent sur ces champs de mort : les deux phénomènes puisent leurs racines dans l'inhumanité supposée des Noirs. Une histoire de pillage, un enchevêtrement de lois et de traditions, un héritage, un Rêve, voilà ce qui avait tué Prince Jones, aussi sûrement que ça tuait des Noirs à North Lawndale[16] avec une régularité effrayante. « Le crime des Noirs envers les

Noirs », c'est du jargon, c'est la violence appliquée au langage, une violence qui fait miraculeusement disparaître les hommes qui ont conçu les contrats d'habitation, ficelé les dossiers de financement, imaginé les cités, construit les rues et vendu de l'encre rouge au baril. Et ça ne devrait pas nous surprendre. Le pillage de la vie noire a été inscrit dans ce pays dès sa petite enfance et renforcé tout au long de son histoire. Ce pillage est ainsi devenu un trésor familial, une intelligence, un état de conscience, un réglage par défaut vers lequel, sans doute pour le restant de nos jours, nous devons invariablement revenir.

Les champs de mort de Chicago, de Baltimore, de Detroit, ont été créés par la politique des Rêveurs, mais leur poids, la honte qui les enveloppe, ne reposent que sur ceux qui y meurent. Il y a là une grande supercherie. Hurler au « crime des Noirs envers les Noirs » revient à tirer sur un homme puis à lui faire honte parce qu'il saigne. Quant au principe fondateur qui permet l'existence de ces champs de mort – la soumission du corps noir –, il n'est pas différent de celui qui a permis le meurtre de Prince Jones. Le Rêve consistant à agir en tant que Blanc, à parler blanc, à être blanc, a assassiné Prince Jones aussi sûrement qu'il assassine des Noirs à Chicago avec une régularité effrayante. N'accepte pas ce mensonge. Ne bois pas de ce poison. Les mains qui ont tracé ces lignes rouges autour de la vie de Prince Jones sont les mêmes que celles qui ont tracé les lignes rouges autour du ghetto.

Je ne voulais t'éduquer ni dans la peur, ni dans de faux souvenirs. Je ne voulais pas que tu te sentes obligé de dissimuler ta joie et de fermer les yeux. Je voulais simplement que tu prennes conscience petit à petit. J'ai décidé de ne rien te cacher.

Te souviens-tu du jour où je t'ai emmené au travail pour la première fois, quand tu avais treize ans ? J'allais voir la mère d'un enfant noir qui était mort. Le garçon avait eu une altercation avec un homme blanc et il avait été tué parce qu'il refusait de baisser le son de sa musique. Le tueur, une fois son chargeur vidé, avait emmené sa copine à l'hôtel. Ils avaient bu. Ils avaient commandé une pizza. Et le lendemain, de son propre gré, l'homme s'était rendu, déclarant avoir vu une arme à feu. Il avait affirmé avoir craint pour sa vie et avoir agi par légitime défense. « J'ai été victime, puis vainqueur », avait-il déclaré, tout comme des générations de pillards américains l'avaient déclaré avant lui. Aucune arme n'a jamais été retrouvée. Le jury a été influencé par ses déclarations ; il n'a pas été jugé coupable du meurtre, seulement d'avoir tiré plusieurs fois alors que les amis du gamin essayaient de s'enfuir. Détruire le corps d'un Noir était acceptable, à condition de le faire avec efficacité.

La mère de ce garçon noir assassiné avait décidé d'alerter les journalistes. Nous l'avons rencontrée dans le hall de son hôtel sur Times Square. Elle était de taille moyenne, la peau foncée et les cheveux aux épaules. Il s'était écoulé à peine une semaine depuis le verdict. Mais elle était calme, maîtresse d'elle-même. Elle n'exprimait aucune rage contre le tueur, mais se demandait tout haut si les règles qu'elle avait inculquées à son fils étaient suffisantes. Elle avait voulu qu'il sache défendre ses convictions et qu'il soit respectueux. Et il était mort d'avoir pensé que ses amis avaient le droit d'écouter leur musique à plein volume, d'être des adolescents américains en somme. Pourtant, elle avait encore des doutes. « Je n'arrête pas de me demander : "S'il n'avait pas répondu, s'il n'avait pas haussé le ton, est-ce qu'il serait encore là ?" »

Elle n'oublierait jamais le caractère unique de son fils, sa vie particulière. Elle n'oublierait jamais non plus que son fils avait un père qui l'aimait et qui s'était occupé de lui lorsqu'elle avait dû lutter contre le cancer. Elle n'oublierait pas à quel point il était toujours joyeux, vivant, ni ses éternels nouveaux copains qu'elle devait conduire un peu partout dans son mini-van. Elle continuerait à faire vivre son souvenir. Je lui ai dit que le verdict m'avait mis en colère. L'idée que quelqu'un dans ce jury ait jugé plausible la présence d'une arme dans la voiture me semblait ahurissante. Elle m'a répondu qu'elle était consternée elle aussi, et que je ne devais pas confondre son calme et l'absence de colère. Simplement, Dieu avait éloigné sa colère loin de toute idée de vengeance pour la diriger vers la rédemption. Dieu lui avait parlé, l'avait invitée à se tourner ailleurs. Puis la mère du garçon mort s'est levée, s'est tournée vers toi, et t'a dit : « Tu existes. Tu es important. Tu as une valeur. Tu as le droit absolu de porter ton sweat à capuche, d'écouter ta musique aussi fort que tu le désires. Tu as le droit absolu d'être toi-même. Personne ne peut t'en dissuader. Tu dois être toi-même. Ne jamais avoir peur d'être toi-même. »

J'étais heureux qu'elle dise ça. J'ai essayé de te dire la même chose, et si je ne l'ai pas fait avec la même clarté, la même franchise, c'est parce que j'ai peur. Je l'avoue. Je n'ai aucun Dieu pour me soutenir. Je crois que lorsqu'ils anéantissent nos corps, ils anéantissent tout, et je sais que nous tous – chrétiens, musulmans, athées – nous vivons dans la peur de cette vérité. La désincarnation[17] est une forme de terrorisme. Sa menace modifie l'équilibre de nos vies et, comme dans le cas du terrorisme, cette déstabilisation est intentionnelle. Désincarnation : le diable qui poussait autrefois les gamins à adopter d'extravagantes postures de dominateurs. Désincarnation : le démon qui donnait aux survivants noirs de la classe moyenne ce comportement à la fois passif et agressif. Nous baissions d'un ton dans les endroits publics, nous affichions le mieux possible nos bonnes manières, nos mains ne sortaient jamais de nos poches, toute notre attitude disait : « Je ne vais pas faire de mouvement brusque. » Désincarnation : le serpent maléfique de mes années d'école, qui exigeait que je sois deux fois meilleur que les autres, même si je n'étais qu'un gamin comme les autres. Les meurtres étaient omniprésents et nous savions, au plus profond de nous-mêmes, sans le dire, que les auteurs de ces meurtres étaient hors de notre portée, que tout cela servait les intérêts de quelqu'un d'autre. Nous avions raison.

Voici comment je me rends compte que j'ai évolué : je me revois, à l'époque où je vivais à West Baltimore, évitant le quartier de North et Pulaski, fuyant Murphy Homes, me méfiant de l'école et de la rue, et je m'imagine maintenant montrer au garçon perdu que j'étais alors un instantané de ma vie actuelle et lui demander ce qu'il en pense. Je crois qu'il n'aurait été déçu qu'une seule fois – au cours des deux ans qui ont suivi ta naissance, dans les deux premiers rounds du combat le plus important de ma vie. Je t'écris aujourd'hui du haut de mes quarante ans, à un moment de mon existence qui n'a rien de particulièrement impressionnant mais qui dépasse quand même tout ce que ce garçon perdu aurait pu imaginer. Du temps de West Baltimore, je ne maîtrisais pas la rue, parce que je ne déchiffrais pas assez vite le langage des corps. Je ne maîtrisais pas l'école, parce que je ne parvenais pas à voir où tout ça pouvait bien mener. Mais je ne suis pas tombé. J'ai ma famille. J'ai mon travail. Je n'éprouve plus le besoin, la tête baissée dans les soirées, de dire aux gens : « J'essaie d'être écrivain. » Et même si je n'ai pas de dieu, le fait d'être humain, le fait d'être doué pour les études – et donc de sortir du lot parmi toute la matière qui flotte dans l'univers – est toujours aussi stupéfiant pour moi.

J'ai passé le plus clair de mes études à chercher à identifier la bonne question, celle qui me permettrait de comprendre le gouffre entre le monde et moi. Je n'ai pas passé mon temps à étudier le problème de la « race » – la « race », c'est juste une formule simplificatrice. Parfois, un abruti – qui pense généralement qu'il est blanc – vient expliquer que la voie vers le progrès serait une grande orgie entre Noirs et Blancs, qui ne se finirait qu'une fois que nous serions tous beiges, et donc de la même « race ». Mais beaucoup de « Noirs » sont déjà beiges. L'histoire des civilisations est jonchée de « races » défuntes (les Francs, les Italiens, les Allemands, les Irlandais) qu'on abandonne parce qu'elles ne servent plus leur objectif : la protection du peuple par le droit.

Si ma vie devait se terminer aujourd'hui, je te dirais que j'ai été heureux – que l'étude et la lutte à laquelle je t'encourage maintenant m'ont procuré une grande joie. Tu as pu constater à travers mon récit que la lutte m'a brisé et reconstruit plusieurs fois – à Baltimore, à La Mecque, quand je suis devenu père et à New York. Ces changements m'ont procuré un ravissement qui ne se produit que lorsqu'on ne croit plus aux mensonges, lorsqu'on a rejeté le Rêve. Mais surtout, ces changements m'ont appris comment tirer le meilleur de ce don singulier pour l'étude, comment interroger toujours davantage ce que je vois, parce que les questions ont autant d'importance, peut-être même plus, que les réponses.

Quant à mes yeux... Quand j'étais petit, aucune partie de mon corps n'aura autant souffert que mes yeux. Je m'en suis bien sorti pour un enfant, dans la mesure exacte des contraintes et des obstacles de mon milieu. Le Rêve, c'était l'apogée absolu à l'époque – devenir riche et vivre dans une de ces maisons cossues à la campagne, dans une de ces petites communautés, un de ces culs-de-sac avec ses virages indolents, où on tournait les films pour ados et où les enfants construisaient des cabanes dans les arbres, et où, l'année avant d'entrer en fac, les adolescents faisaient l'amour dans des voitures garées devant le lac. Le Rêve était pour moi le but ultime dans la vie, le sommet de l'ambition américaine. Que pouvait-il y avoir de mieux que ce que dépeignaient les reportages télévisés, de mieux que la banlieue pavillonnaire ?

Ta mère, elle, savait. Peut-être parce qu'elle avait été élevée dans un tel endroit, qu'elle avait vécu à proximité des Rêveurs. Peut-être était-ce parce que les gens qui se croyaient blancs lui disaient qu'elle était intelligente et, pensant lui faire un compliment, ajoutaient qu'elle n'était pas vraiment noire. Peut-être était-ce à cause des garçons là-bas, qui étaient vraiment noirs, eux, et qui lui disaient qu'elle était « mignonne pour une fille à la peau sombre ». Ta mère ne s'est jamais sentie complètement chez elle, et ça lui a ouvert la possibilité d'un autre lieu, un autre lieu qui lui deviendrait essentiel : ça l'a propulsée vers La Mecque, puis vers New York, et plus loin encore. Lors de son trentième anniversaire, elle est partie en voyage, à Paris. Je ne suis pas certain que tu t'en souviennes. Tu n'avais que six ans. Nous avons passé cette semaine-là à manger du poisson pané au petit déjeuner et des gâteaux au dîner, laissant nos sous-vêtements traîner sur la table en écoutant Ghostface Killah[18] à fond. Quitter l'Amérique ne m'avait jamais traversé l'esprit – pas même temporairement. Oh, mes yeux... Mon ami Jelani, qui était comme moi, m'a dit un jour qu'il avait longtemps assimilé le voyage à un luxe inutile, comme claquer l'argent du loyer dans un costume rose. J'étais assez d'accord avec lui, à l'époque. Les rêves parisiens de ta mère me déconcertaient. Je ne les comprenais pas – et je ne voyais pas pourquoi j'aurais dû les comprendre. Une partie de moi était toujours en cinquième, en cours de français, uniquement préoccupé par la sécurité immédiate de mon corps, considérant la France comme on considérait Jupiter.

Mais voilà que ta mère était partie, elle l'avait fait, et une fois revenue, ses yeux irradiaient de toutes les possibilités qui s'offraient là-bas, non seulement pour elle mais aussi pour toi et pour moi. Ce sentiment a pris une ampleur spectaculaire. C'était comme tomber amoureux – les choses qui nous bouleversent sont si ténues, celles qui nous maintiennent éveillé la nuit sont si personnelles que quand on essaye de les expliquer, la seule réaction qu'on obtient est un hochement de tête poli et muet. Ta mère avait pris beaucoup de photos, à travers tout Paris, des photos de portes, de portes géantes – des portes bleu foncé, noir d'ébène, orange, turquoise, rouge vif. J'examinais les photos de ces portes géantes dans notre petit appartement de Harlem. Je n'avais jamais rien vu de tel. La possibilité même que des portes aussi grandes puissent exister, puissent être si banales dans une partie du monde et totalement inimaginables ailleurs ne m'était jamais venue à l'esprit. J'ai compris, en écoutant ta mère, que la France n'était pas une expérience théorique mais un endroit réel, rempli de personnes réelles, dont les traditions étaient différentes, dont les vies et les goûts étaient réellement différents.

Quand j'y repense, je me rends compte que je recevais le même message de partout. En ce temps-là, parmi mes amis, il y avait beaucoup gens en lien avec des mondes différents. « Fais de ta race une fierté », disaient les anciens. À l'époque, j'avais très bien compris que je ne faisais pas tant partie d'une « race » biologique que d'un ensemble de gens, et que ces gens n'étaient pas noirs à cause d'une couleur ou d'une caractéristique physique. Ils étaient liés parce que tous subissaient le fardeau du Rêve, ils étaient liés par toutes ces belles choses, une langue et des manières de parler, une nourriture et une musique, une littérature et une philosophie, une expression commune, en somme, qu'ils façon-

naient comme des joyaux sous le poids du Rêve. Il n'y a pas longtemps, j'attendais, devant le tapis roulant d'un aéroport, l'arrivée de ma valise. Je me suis cogné à un jeune homme noir et j'ai dit : « Désolé. » Sans même lever les yeux, il a répondu : « Pas de souci. » Dans ce simple échange, j'ai reconnu l'entente implicite qui n'existe qu'entre deux étrangers de la même tribu, cette tribu qu'on appelle noire. En d'autres termes, je faisais partie d'un monde. Et quand je regardais autour de moi, mes amis faisaient eux aussi partie d'autres mondes – le monde des Juifs ou des New-Yorkais, le monde des sudistes ou des hommes gays, des immigrés, des Californiens, des *Natives*[19], ou un mélange de tous ces mondes, des mondes tissés avec d'autres mondes comme dans une tapisserie. Et même si moi je n'étais pas né dans un de ces mondes, je savais qu'aucun essentialisme, et surtout pas racial, ne nous séparait. J'avais déjà trop lu. Et mes yeux – mes yeux si précieux – devenaient plus puissants chaque jour. Je voyais ce qui me séparait du monde : ce n'était pas une chose intrinsèque, mais la vraie blessure infligée par ces gens résolus à nous donner un nom, résolus à croire que la façon dont ils nous nommaient avait plus d'importance que nos actes mêmes. En Amérique, la blessure ne vient pas du fait de naître avec une peau plus foncée que la moyenne, des lèvres plus épaisses que la moyenne, un nez plus large que la moyenne, elle vient de tout ce qui se passe après. Dans le simple échange avec ce jeune homme, je parlais le langage particulier de mon peuple. Ce très bref moment d'intimité saisissait en grande partie la beauté du monde noir qui est le mien – l'évidence de cette relation entre ta mère et moi, le miracle de La Mecque, le fait de se sentir invisible dans les rues de Harlem. Dire de ce sentiment qu'il est racial revient à tendre aux pillards tous les joyaux façonnés par nos ancêtres. Ce sentiment est le nôtre, nous l'avons fabriqué, même s'il a été forgé à l'ombre de ceux qui ont été assassinés, violés, dont le corps a été disloqué ; ce sentiment, nous l'avons fabriqué malgré tout. Cette chose superbe, je l'ai vue de mes propres yeux, et j'avais besoin d'en arriver là pour pouvoir partir, voyager. Je crois que j'avais besoin de savoir que je venais de quelque part, que mon foyer était aussi beau que n'importe lequel.

Sept ans après avoir vu les photos de ces portes, j'ai reçu mon premier passeport. J'aurais aimé que ce soit plus tôt. J'aurais aimé, à l'époque de ce cours de français, pouvoir relier les conjugaisons, les verbes et les genres à quelque chose de plus vaste. J'aurais aimé que quelqu'un m'explique ce que ce cours représentait vraiment – une porte vers un autre monde fabuleux. Je voulais voir ce monde par moi-même, voir les portes et tout ce qu'il y avait derrière. Le jour de mon départ, j'étais installé dans un restaurant avec ta mère, elle qui m'avait montré tant de choses. Je lui ai dit : « J'ai peur. » Je ne parlais pas bien la langue. Je ne connaissais pas les usages. J'allais être seul. Elle s'est contentée de m'écouter et de me tenir la main. Ce soir-là, j'ai embarqué dans un vaisseau spatial. Le vaisseau spatial a jailli dans la nuit, a foncé dans le ciel, loin de West Baltimore, loin de La Mecque, loin de New York, loin de toute langue et de tous les arcs-en-ciel que je connaissais.

Mon billet d'avion m'a d'abord conduit à Genève. Tout s'est passé très vite. Je devais changer de l'argent, trouver un train pour aller de l'aéroport au centre-ville, trouver un autre train pour Paris. Quelques mois plus tôt, j'avais timidement commencé à apprendre le français. À présent, j'étais submergé par un orage, un déluge de français, j'étais trempé, et à peine capable d'attraper quelques gouttes de la langue – « qui », « euros », « vous », « à droite ». J'avais toujours très peur.

J'ai regardé les horaires de trains et je me suis rendu compte que j'étais à deux pas de Vienne, de Milan et de n'importe quel village des Alpes dont personne dans mon entourage n'avait jamais

145

entendu parler. C'est à ce moment-là que ça s'est passé. Le fait de comprendre que j'étais très loin, la peur, le mystère des possibles, tout ça à la fois – l'horreur, l'émerveillement et la joie – a fusionné dans un frisson érotique. Ce frisson ne m'était pas totalement étranger. Il ressemblait à la vague qui m'avait submergé à Moorland. Il était proche du shoot que j'avais ressenti en observant les gens envahir la rue avec leurs verres de vin sur West Broadway. Le même frisson que j'avais ressenti en regardant les photos de portes parisiennes. À cet instant, j'ai compris que tous ces changements, avec toute la souffrance, le malaise et la confusion qui les accompagnaient, étaient ce qui définissait ma vie. Pour la première fois, j'ai compris que j'étais vivant, en train d'étudier et d'observer pour de vrai, non seulement à ce moment précis, mais depuis longtemps – même à Baltimore. J'avais toujours été vivant. Je traduisais le monde qui m'entourait depuis toujours.

Je suis arrivé à Paris. J'ai pris une chambre dans un hôtel du VIᵉ arrondissement. Je ne connaissais absolument rien de l'histoire locale. Je ne pensais pas vraiment à Baldwin ou à Wright[20]. Je n'avais lu ni Sartre ni Camus, et si je suis passé devant le Café de Flore ou les Deux Magots, je ne m'en suis pas rendu compte sur le coup. Rien de tout cela n'avait d'importance. On était vendredi, et les rues bondées étaient le théâtre de rituels incroyables. Des ados ensemble dans des cafés. Des écoliers tapant dans un ballon de foot en pleine rue, leurs sacs à dos jetés par terre. Des couples plus âgés dans de longs manteaux, ou en blazers, avec des écharpes entortillées. Des gens de vingt ans penchés à des fenêtres, beaux et cool. Ça me rappelait New York, sans cette saleté de peur permanente. Les gens ne portaient pas d'armure, en tout cas pas d'armure que je reconnaisse. Les rues et les ruelles grouillaient de bars, de restaurants et de cafés. Tout le monde marchait. Ceux qui ne marchaient pas s'enlaçaient. C'était surnaturel, je me sentais moi-même. Ma frange courte à la César était parfaitement rectiligne. Je me sentais affûté comme une épée. Je suis sorti et je me suis fondu dans la ville, comme du beurre aurait fondu dans un plat de pâtes. Dans ma tête, j'entendais Big Boi chanter :

Je me la joue juste comme ça, avec mon jean bien froissé
Mon tee-shirt blanc qui claque et ma casquette tournée à droite[21]

J'ai dîné avec un ami dans un restaurant qui faisait la taille de deux grandes salles à manger. Les tables étaient collées les unes aux autres, et pour que tu puisses t'installer, la serveuse faisait un tour de passe-passe étonnant : elle tirait une table en arrière pour te faire passer, tu te faufilais et puis tu t'asseyais, coincé comme un bébé dans sa chaise haute. Pour se rendre aux toilettes, il fallait faire signe à la serveuse. Et quand il a fallu commander, je me suis péniblement exprimé dans mon français catastrophique. Elle a hoché la tête et n'a pas rigolé. Elle est restée parfaitement polie. Nous avons bu une bouteille de vin incroyable. J'ai mangé un steak. J'ai mangé une baguette avec de la moelle. J'ai mangé du foie. J'ai bu un café et un dessert dont je ne me rappelle même pas le nom. Avec tout ce que je pouvais rassembler de mon pauvre français, j'ai essayé de dire à la serveuse que le dîner avait été magnifique. Elle m'a coupé en anglais : « Le meilleur de votre vie, hein ? » Je me suis levé et, alors que je venais d'avaler la moitié des plats de la carte, je me sentais léger comme une plume. Le lendemain, je me suis levé tôt et j'ai marché dans la ville. J'ai visité le musée Rodin. Je me suis arrêté dans un bistrot et, avec toute l'appréhension d'un garçon se décidant à approcher une jolie fille dans une fête, j'ai commandé deux bières, puis un hamburger. J'ai marché vers le jardin du Luxembourg. Il était à peu près seize heures. Je me suis assis. Le jardin était plein de gens, toujours occupés de leur étrange manière. À cet instant, j'ai eu un sentiment bizarre de solitude. Peut-être parce que je n'avais pas prononcé un mot d'anglais de toute la journée. Peut-être parce que je ne m'étais jamais assis dans un jardin public auparavant, que je n'avais même pas imaginé que j'aurais un jour envie de le faire. Et tout autour de moi, il y avait ces gens pour qui c'était chose courante.

J'ai pris conscience du fait que j'étais dans le pays d'autres gens, et que j'étais en même temps extérieur à ce pays, selon toute logique. En Amérique, je faisais partie de l'équation – même si ce n'était pas la partie de l'équation que je préférais. J'étais celui que la police arrêtait sur la 23e rue en pleine journée de travail. J'étais celui qui avait eu cette attirance pour La Mecque. Je n'étais pas seulement un père, mais le père d'un garçon noir. Je n'étais pas seulement un mari, mais le mari d'une femme noire, un symbole chargé de l'amour noir. Dans ce jardin public en revanche, pour la première fois, j'étais un étranger, j'étais un marin – sans terre et sans attaches. J'étais triste de ne jamais avoir senti cette solitude singulière auparavant –, de ne m'être jamais senti si loin du rêve de quelqu'un d'autre. J'éprouvais plus profondément le poids des chaînes qui avaient entravé les générations de mes ancêtres – mon corps confiné à certaines zones, du fait de l'histoire et de la politique. Certains d'entre nous s'en sortent. Mais les dés sont pipés. J'aurais voulu en savoir plus, et j'aurais voulu que ça arrive plus tôt. Je me souviens, cette nuit-là, que je regardais les adolescents se rassembler le long des quais de la Seine pour vaquer à leurs occupations d'adolescents. Et je me souviens avoir songé que j'aurais tant aimé avoir eu cette vie, ce passé sans peur. Ce n'était pas mon passé, mes souvenirs étaient bien différents. Mais je t'avais, toi.

Nous sommes revenus à Paris cet été-là, parce que ta mère adorait la ville et parce que j'adorais la langue, mais c'était avant tout pour toi.

Je voulais que tu aies ta vie à toi, loin de la peur – et même loin de moi. Je suis meurtri. Je porte les cicatrices de codes anciens, qui dans un monde m'ont protégé et qui dans un autre m'ont enchaîné. Je repense à ta grand-mère, au téléphone, qui notait combien tu grandissais, et me disait qu'un jour tu essaierais de me « tester ». Je lui ai répondu que je considérerais ce jour, s'il devait arriver, comme un échec total de mon rôle de père, parce que si la seule chose que j'avais en plus de toi était mes mains, alors je n'avais vraiment rien du tout. Mais pardonne-moi, fils, je sais ce qu'elle voulait dire et quand tu étais plus jeune je pensais la même chose. J'ai honte aujourd'hui de cette idée, de ma peur, de ces chaînes que j'ai essayé de refermer sur tes poignets. Nous entrons dans nos dernières années de vie commune, et j'aurais aimé avoir été plus doux avec toi. Ta mère a dû m'apprendre comment t'exprimer mon affection – comment t'embrasser et te dire que je t'aime tous les soirs. Aujourd'hui encore, ce n'est pas tant un acte naturel qu'un rituel. Parce que je suis meurtri. Parce que je suis attaché à des manières anciennes apprises dans un foyer brutal. C'était un foyer aimant, malgré les agressions de son pays, mais il était, de fait, brutal. Même à Paris, je n'arrivais pas à me débarrasser des manières anciennes, de cet instinct qui me dictait de regarder derrière moi à chaque pas, et d'être toujours prêt à courir.

Quelques semaines après notre arrivée, je me suis fait un ami, qui souhaitait améliorer son anglais comme moi mon français. Nous nous étions rencontrés devant Notre-Dame, au milieu de la foule. Ce jour-là, nous avons marché ensemble vers le Quartier latin, jusqu'à un caviste. Devant la boutique, il y avait des chaises. Nous nous sommes installés pour boire une bouteille de rouge. On nous a servi des quantités impressionnantes de charcuterie, de pain et de fromage. Est-ce que c'était le dîner ? Est-ce que cela se faisait d'habitude ? Jusqu'alors, jamais je n'avais imaginé des choses pareilles. Et surtout, est-ce que ce n'était pas là un rituel très sophistiqué pour endormir ma confiance ? Mon ami a réglé l'addition. Je l'ai remercié. Mais lorsque nous avons quitté les lieux, j'ai fait attention de le laisser sortir en premier. Il voulait me montrer l'un de ces immeubles anciens comme il y en a à tous les coins de rue de la ville. Et pendant tout le temps passé à le suivre, je demeurais persuadé qu'il allait bientôt nous faire bifurquer brusquement dans une ruelle où d'autres types m'attendaient pour me dépouiller de... de quoi, au juste ? Mon nouvel ami s'est contenté de me montrer l'immeuble, m'a serré la main, m'a souhaité une bonne soirée et s'est éloigné en marchant dans la nuit. En le regardant partir, j'ai senti que je n'avais pas profité entièrement de ce moment avec lui, et que c'était à cause de mes yeux, mes yeux nés à Baltimore, mes yeux aveuglés par la peur.

Je voulais mettre le plus de distance possible entre toi et cette peur aveuglante. Je voulais que tu ne voies là que des gens différents qui vivaient selon des règles différentes. Je voulais que tu puisses voir ces gens en couple installés côte à côte au café afin de pouvoir observer la rue ensemble ; ces femmes qui pédalaient sur leur vieux vélo, sans casque, en longue robe blanche ; celles qui passaient en trombe sur leurs rollers roses, en mini-short. Je voulais que tu voies aussi ces hommes en pantalon couleur saumon, vêtus de lin blanc et un pull noué autour du cou, ceux qui disparaissaient au coin d'une rue et réapparaissaient après avoir fait le tour du pâté de maisons dans leur voiture de luxe décapotée, et qui aimaient la vie. Tous en train de fumer. Tous sachant que les attendait bientôt une mort atroce ou un truc dingue. Te souviens-tu de cette lueur dans tes yeux lorsque nous sortions à Saint-Germain-des-Prés ? Je ne vivais que pour ce regard.

Je voulais que tu sois conscient, que tu comprennes que mettre la peur à distance, ne serait-ce qu'un instant, n'offre aucun laissez-passer pour fuir la lutte. Nous serons toujours noirs, toi et moi, même si ça n'a pas le même sens partout. La France s'est construite sur son propre rêve, sur son amas de corps à elle ; rappelle-toi, Samori, que tu portes le nom d'un homme qui s'est opposé à la France et à son entreprise de pillage colonial. C'est vrai, notre couleur n'était pas un signe distinctif à Paris, pas autant que le fait d'être américain, dont témoignait notre piètre maîtrise du français. Il faut dire qu'il y a quelque chose de très spécial dans la manière dont les Américains qui se croient blancs nous considèrent – quelque chose de sexuel et d'obscène. Nous n'avons pas été réduits à l'esclavage en France. Nous ne sommes pas le « problème » particulier des Français, ni leur fierté nationale. Nous ne sommes pas leurs nègres. Si cela peut sembler réconfortant, ce n'est pas à cette forme de réconfort que je t'encouragerais à céder. Souviens-toi de ton nom. Souviens-toi que toi et moi nous sommes frères, nous sommes les enfants du viol transatlantique. Souviens-toi de la conscience qui en découle. Souviens-toi que cette conscience ne pourra, au bout du compte, jamais être raciale ; elle doit être de nature universelle. Souviens-toi de ces Roms que tu as vu mendier dans la rue avec leurs enfants, et des paroles venimeuses qui leur étaient adressées. Souviens-toi de ce chauffeur de taxi algérien qui nous parlait ouvertement de sa haine de Paris, avant de nous regarder, ta mère et moi, et d'insister sur le fait que nous étions tous unis par l'Afrique. Souviens-toi de ce grondement sourd que nous avons tous ressenti sous la beauté de Paris, comme si la ville avait été bâtie dans l'attente d'un désastre comparable à la destruction de Pompéi. Souviens-toi de cette impression que les superbes jardins publics et les longs déjeuners pouvaient être anéantis par des lois physiques – cousines des lois et de la morale de notre propre pays – qui ne dépendent pas de nous.

C'était une bonne chose d'avoir ton oncle Ben et ta tante Janai là-bas avec nous – ils tempéraient notre émerveillement devant ce que ces gens avaient construit, en nous rappelant sur le dos de qui ils l'avaient construit ; eux aussi avaient appris à voyager à l'âge adulte ; nés noirs en Amérique, leur souci principal était la sécurité de leurs corps. Nous étions tous conscients du lien entre les forces qui avaient réprimé nos corps dans notre pays et celles qui avaient procuré sa richesse à la France. Nous étions conscients du fait que bien des réalisations françaises s'étaient construites sur l'exploitation des corps haïtiens et wolofs, sur l'anéantissement des Toucouleurs et sur la prise de Bissandougou.

C'était l'été au cours duquel le tueur de Trayvon Martin avait été acquitté. Cet été-là, j'ai accepté l'idée que la vitesse de libération[22] n'existe pas. Notre pays nous rattraperait dans toutes les langues. Tu te rappelles quand nous avons pris le métro vers la place de la Nation pour célébrer ton anniversaire avec Janai, Ben et les enfants ? Tu te rappelles ce jeune homme à la sortie du métro, qui protestait ? Tu te rappelles ce que disait sa pancarte ? VIVE LE COMBAT DES JEUNES CONTRE LES CRIMES RACISTES ! USA : TRAYVON MARTIN, 17 ANS, ASSASSINÉ CAR NOIR ET LE RACISTE ACQUITTÉ.

Ma jeunesse chaotique ne m'avait pas tué. L'angoisse de ne pas savoir ne m'avait pas perdu. Je n'étais pas passé par la prison. Je m'étais prouvé qu'on pouvait s'en sortir hors de l'école et de la rue. J'avais l'impression d'être rescapé d'une grande catastrophe naturelle, de la peste, d'une avalanche ou d'un tremblement de terre.

Dans le sillage du massacre, désormais parvenu sur une terre que j'avais cru légendaire, tout était imprégné d'un halo hypnotisant – les couleurs pastel des écharpes parisiennes étaient soudain plus vives, l'odeur matinale des boulangeries m'envoûtait et le français ne m'évoquait non pas une langue mais une danse.

Tu feras ton chemin à toi. Forcément. À onze ans, tu savais des choses que je ne savais pas à vingt-cinq. Quand j'avais onze ans, ma priorité était de préserver la sécurité de mon corps. Ma vie consistait en une négociation immédiate avec la violence, que ce soit à la maison ou dehors. Toi, tu as déjà l'espoir, je le vois bien. Ton but ultime n'est pas de survivre ni d'être en sécurité. Tes espoirs – tes rêves, si tu préfères – me procurent un flot d'émotions contradictoires. Je suis tellement fier de toi – de ton ouverture d'esprit, de ton ambition, de ta fougue, de ton intelligence. Mon boulot, pendant le peu de temps qu'il nous reste à vivre ensemble sous le même toit, est de t'apporter la sagesse qui équilibrera cette intelligence. La sagesse, c'est de comprendre ce qui t'a été offert – une ville dans laquelle les bars gays sont chose courante, une équipe de foot dont la moitié des joueurs parlent une autre langue. Ce que je suis en train de te dire, c'est que ça ne t'appartient pas entièrement, que la beauté qui est en toi ne t'appartient pas totalement, qu'elle résulte en grande partie du fait que ton corps noir bénéficie d'un niveau anormal de sécurité.

Peut-être est-ce la raison pour laquelle, quand tu as appris que le tueur de Michael Brown ne serait pas condamné, tu m'as dit que tu devais y aller. Peut-être est-ce pour cela que tu pleurais, parce qu'à ce moment-là tu as compris que même

dans l'environnement sûr où tu vis, rien n'empê-
cherait une agression perpétrée au nom du Rêve.
La politique actuelle t'explique que si tu devais
un jour être victime d'une telle agression et
perdre ton corps, ce serait, d'une certaine
manière, de ta faute. C'est à cause de son sweat
à capuche que Trayvon Martin est mort. Pareil
pour Jordan Davis, c'était la musique trop fort.
John Crawford n'aurait jamais dû toucher le fusil
sur le présentoir. Kajieme Powell aurait dû
apprendre à ne pas être fou. Et tous auraient
dû avoir un père – même ceux qui en avaient un,
même toi qui en as un. Sans ses propres justifi-
cations, le Rêve s'écroulerait sur lui-même. Tu as
appris ça pour la première fois avec Michael
Brown. Je l'ai appris pour la première fois avec
Prince Jones.

Michael Brown n'est pas mort comme tant de
ses défenseurs l'ont cru. Et pourtant les questions
qui se cachent derrière les questions ne sont
jamais posées. Est-ce qu'agresser un officier de
l'État doit être considéré comme un péché capi-
tal, puni sans autre forme de procès, l'officier
jouant à la fois le rôle de juge et de bourreau ?
Est-ce la civilisation que nous voulons ? Pendant
ce temps-là, les Rêveurs pillent Ferguson au nom
de l'autorité municipale. Ils torturent des musulmans, leurs drones lancent des bombes sur des
mariages (par accident !), les Rêveurs citent Martin Luther King et prêchent la non-violence pour
le faible et les plus grosses armes possibles
pour le fort. À chaque fois qu'un policier nous
interpelle, la mort, la blessure, la mutilation sont
possibles. Il ne suffit pas de dire qu'il en est ainsi
pour tout le monde et plus encore pour les
criminels. Dès l'instant où les policiers ont

commencé à poursuivre Prince Jones, sa vie était en danger. Les Rêveurs estiment que c'est le prix à payer pour continuer le business, ils prennent nos corps pour une monnaie, c'est une habitude chez eux. En tant qu'esclaves, nous avons représenté la première aubaine financière pour ce pays, un acompte pour sa liberté. Après la ruine et la libération au lendemain de la guerre de Sécession, il y a eu la Rédemption du Sud rebelle, puis la Réunification, et nos corps sont devenus la deuxième hypothèque nationale. Pendant le New Deal, nous étions leur chambre d'amis, leur sous-sol aménagé. Et aujourd'hui, ça continue avec un système carcéral tentaculaire, qui a fait de l'entreposage des corps noirs une source d'emplois et un investissement lucratif pour les Rêveurs ; nos corps financent encore et toujours le Rêve d'être blanc. La vie noire ne vaut pas cher, mais en Amérique les corps noirs sont une ressource naturelle d'une valeur incomparable.

III

*Et ont mené l'humanité au bord
de l'oubli : car ils pensent qu'ils sont blancs*

James BALDWIN

Après la disparition de Prince Jones, j'ai souvent pensé à ceux qui devaient continuer à vivre dans l'ombre de sa mort. Je pensais à sa fiancée et je me demandais ce que ça pouvait faire de voir son avenir chamboulé sans aucune explication. Je me demandais ce qu'elle dirait à sa fille, et je me demandais quelle image sa fille garderait de son père, comment elle parlerait de cette perte. Mais je m'interrogeais surtout à propos de la mère de Prince, avec cette question lancinante : comment vivait-elle ? J'ai donc cherché, en ligne, son numéro de téléphone. Je lui ai envoyé un e-mail. Elle m'a répondu. Je l'ai appelée et j'ai pris rendez-vous. Elle vivait juste en dehors de Philadelphie, dans une petite résidence fermée de maisons cossues. C'était un mardi pluvieux, j'avais pris le train à New York et loué une voiture en arrivant. J'avais beaucoup pensé à Prince les mois précédents. Toi, ta mère et moi étions allés à la réunion des anciens élèves de La Mecque ; beaucoup de nos amis étaient là, mais pas Prince.

Le docteur Jones m'a donc reçu. Elle était adorable, polie. Elle avait la peau foncée et elle était dans cette période, entre quarante et soixante-dix ans, où il devient difficile de savoir précisément l'âge d'une personne noire. Elle était calme, étant donné le sujet de notre conversation. Tout du long de notre entretien, j'ai essayé de distinguer ce qu'elle ressentait vraiment et ce que j'imaginais qu'elle ressentait. J'avais l'impression qu'elle souriait à travers des yeux tristes, que la raison de ma visite avait recouvert la maison d'un voile sombre de tristesse. Je crois me souvenir qu'il y avait une musique de fond – du jazz ou du gospel –, mais je me rappelle aussi, en contrepoint, d'un calme profond qui dominait tout. J'ai pensé que, peut-être, elle avait pleuré. C'était difficile à dire. Elle m'a emmené dans son grand salon. La maison était vide. On était début janvier. Au sapin de Noël, toujours dans un coin de la pièce, étaient accrochées des chaussettes[1] au nom de sa fille et de son fils disparu, ainsi qu'un portrait encadré de lui – Prince Jones – sur un petit meuble. Elle m'a apporté de l'eau dans un verre épais. Elle buvait du thé. Elle m'a expliqué qu'elle était née et avait grandi près d'Opelousas, en Louisiane, que ses ancêtres avaient été esclaves dans la région. Elle disait en avoir hérité une peur ancestrale. « C'est devenu clair pour la première fois lorsque j'ai eu quatre ans », m'a-t-elle dit.

« Ma mère et moi nous rendions en ville. Nous sommes montées dans le bus Greyhound. J'étais derrière ma mère. Elle ne me tenait pas par la main, et je me suis laissée tomber sur le premier siège que j'ai trouvé. Quelques minutes plus tard, elle est venue me chercher et m'a emmenée au fond du bus puis m'a expliqué pourquoi je ne pouvais pas m'asseoir devant. Nous étions très pauvres, je savais que la plupart des personnes noires autour de nous étaient pauvres également, et les seules images que j'avais de l'Amérique blanche venaient de mes visites en ville, quand je voyais qui était derrière le comptoir dans les magasins, et pour qui travaillait ma mère. Il est devenu clair qu'il y avait un écart. »

Ce gouffre nous apparaît de bien des manières différentes. Une petite fille rentre à la maison, elle a sept ans, on vient de l'embêter à l'école, et elle demande à ses parents : « Est-ce qu'on est des nègres ? Qu'est-ce que ça veut dire ? » Parfois c'est subtil – il suffit d'observer qui habite où et qui fait quel travail. Parfois c'est tout à la fois. Je ne t'ai jamais demandé comment tu es devenu, toi, conscient de cette distance. Est-ce que ça t'est venu après l'affaire Michael Brown ? Je ne crois pas que j'ai envie de savoir. Mais je sais que ça a déjà eu lieu pour toi, que tu en as déduit que tu étais privilégié et pourtant différent des autres enfants privilégiés, parce que ton corps est plus fragile qu'aucun autre dans ce pays. Ce que je veux que tu saches, c'est que ce n'est pas de ta faute, même si, au bout du compte, il en va de ta responsabilité, parce que tu es entouré de Rêveurs. Ça n'a rien à voir avec la manière dont tu portes ton pantalon ou dont tu te coiffes. Ce gouffre est aussi intentionnel que la politique, aussi intentionnel que l'oubli qui s'ensuit. Ce gouffre permet le tri efficace des pillés et des pillards, des esclaves et des esclavagistes, des métayers et des propriétaires terriens, des cannibales et de leur nourriture.

Le docteur Jones était réservé. Elle était ce qu'on appelait dans le temps « une dame », et en ce sens elle me rappelait ma grand-mère, qui était mère célibataire et vivait dans une cité mais parlait toujours comme si elle possédait de jolies choses. Lorsque le docteur Jones détaillait ses raisons de vouloir fuir la pénurie inhérente à la vie de métayer de son père et à celle de tout le monde autour d'elle, lorsqu'elle s'est souvenue qu'elle se disait : « Ma vie, ça ne sera pas ça », ses yeux avaient la dureté du fer, et je me suis rappelé le regard de fer de ma grand-mère. Tu dois à peine te souvenir d'elle aujourd'hui – tu avais six ans quand elle est morte. Je me souviens d'elle, bien sûr, mais à l'époque où je l'ai connue, ses exploits faisaient déjà partie de la légende – par exemple, elle frottait le sol de la maison de Blancs le jour avant d'aller à ses cours du soir. Je devinais malgré tout cette puissance et cette droiture qui l'avaient propulsée hors des cités, et vers la propriété privée.

Je ressentais la même puissance en présence du docteur Jones. Lorsqu'elle était en CE1, elle et une autre fille avaient fait un pacte : elles deviendraient docteurs. Mabel avait honoré sa part du contrat. Elle avait d'abord intégré le lycée de sa ville. Au début, elle s'opposait aux enfants blancs qui l'insultaient. Au final, ils l'avaient élue déléguée de classe. Elle faisait de l'athlétisme. C'était une « voie royale », m'expliquait-elle, mais seulement jusqu'à un certain point. Pendant les matchs de football américain, les autres lycéens applaudissaient le *running back* noir, la star de l'équipe, et lorsqu'un joueur noir de l'autre équipe s'emparait du ballon, ils hurlaient : « À mort le nègre ! À mort le nègre ! » Ils hurlaient ces mots juste à côté d'elle, comme si elle n'était pas vraiment là. Elle faisait des récitations de la Bible quand elle était petite et m'a raconté comment elle avait été recrutée. Sa mère l'avait emmenée à une audition pour faire partie de la chorale.

Après l'audition, le directeur lui avait dit « Ma petite, je crois que tu ferais mieux de parler. » Elle riait avec insouciance en me racontant ça, pas d'un rire nerveux, gardant la maîtrise d'elle-même. J'avais l'impression qu'elle se détendait. Pendant qu'elle parlait de l'église, j'ai pensé à ton grand-père, celui que tu connais, dont les premières aventures intellectuelles consistaient en récitations de passages de la Bible. J'ai pensé à ta mère, qui a connu la même chose. Et j'ai pensé à la distance que je maintenais, moi, avec une institution qui a si souvent été l'unique soutien de notre peuple. Je me demande souvent si cette distance m'a fait rater quelque chose, la notion d'un espoir cosmique, quelque sagesse au-delà de ma maigre perception bassement matérielle du monde, quelque chose qui dépasse le corps, que j'aurais pu te transmettre. J'ai réfléchi à tout ça, en cet instant particulier, parce que cette chose, située au-delà de tout ce que j'avais jamais compris, avait rendu la vie de Mabel Jones exceptionnelle.

Elle était entrée à l'université avec une bourse à taux plein. Elle avait choisi l'école de médecine de l'université d'État de Louisiane. Elle avait été dans la Marine. Elle avait choisi comme spécialité la radiologie. Elle ne connaissait pas, à l'époque, d'autres radiologues noirs. J'imaginais que ça avait dû être difficile pour elle, et je le lui ai dit, mais elle s'est sentie insultée. Elle refusait d'admettre avoir subi le moindre inconfort. Elle ne se prenait pas pour quelqu'un de remarquable, parce que ça aurait impliqué trop de concessions, ça aurait valorisé des idéaux d'ordre tribal alors que les seuls idéaux qui lui importaient étaient les idéaux d'excellence vers lesquels elle tendait, elle, Mabel Jones. Vu sous cet angle, son succès n'avait rien de surprenant : elle était toujours impliquée, ne prenait rien à la légère, ne tournait pas autour du pot, elle fonçait dans le tas, et quand elle se lançait dans une entreprise quelconque, c'était toujours à fond. Sa philosophie de la vie était celle d'une athlète de haut niveau qui sait que l'adversaire est pourri et que les arbitres ont été payés, mais qui a aussi conscience qu'il ne reste qu'un seul match pour être championne.

Elle avait appelé son fils – Prince Jones – « Rocky » en honneur de son grand-père, qu'on appelait « Rock ». Je lui ai posé des questions sur son enfance, car je n'avais pas connu Prince si bien que ça. Il était de ces gens que j'étais heureux de rencontrer dans une fête, que je pouvais décrire, en parlant à un ami, comme « un bon pote », mais je n'aurais pas su dire ce qu'il faisait. Elle m'a donc fait son portrait. Elle m'a raconté qu'il avait un jour enfoncé un clou dans une prise électrique et avait fait disjoncter toute la maison. Elle m'a raconté qu'il s'était un jour habillé en costume-cravate, s'était agenouillé et lui avait chanté *Three Times a Lady*[2]. Elle m'a raconté qu'il avait été dans des écoles privées toute sa vie – des écoles remplies de Rêveurs – mais qu'il se faisait des amis où qu'il aille, en Louisiane, et plus tard au Texas. Je lui ai demandé comment les parents des amis de son fils la traitaient, elle. « À l'époque j'étais chef de service en radiologie à l'hôpital du coin, m'a-t-elle répondu. Ils me traitaient donc avec respect. » Elle m'a dit ça sans tendresse dans le regard, froidement, comme si elle m'expliquait une fonction mathématique.

Comme sa mère, Prince était intelligent. Au Texas, il avait été admis dans une *magnet school*[3] spécialisée en maths et en sciences, où les lycéens accumulaient des points pour entrer à l'université. L'école avait beau recruter des élèves venant de tous les coins d'un État à peu près aussi peuplé que l'Angola, l'Australie ou l'Afghanistan, Prince était le seul enfant noir. J'ai demandé au docteur Jones si elle avait souhaité qu'il aille à Howard. Elle a souri et m'a répondu : « Non. » Puis elle a ajouté : « C'est si bon de pouvoir parler de tout ça. » Ça m'a un peu détendu, je me suis senti un peu moins comme un intrus. Je lui ai demandé où elle avait souhaité qu'il étudie. Elle m'a répondu : « Harvard. Et sinon, Princeton. Et sinon, Yale. Et sinon, Columbia. Et sinon, Stanford. Il était de ce calibre. » Mais, à l'instar d'un tiers au moins des étudiants qui arrivaient à Howard, Prince était las de devoir faire bonne figure. Ces étudiants de Howard n'étaient pas comme moi. C'étaient les enfants de l'élite à la Jackie Robinson, dont les parents étaient sortis du ghetto et des champs de métayage, avaient déménagé dans les banlieues chics, pour se rendre compte au final qu'ils portaient à jamais la marque de leur origine. Même lorsqu'ils réussissaient, comme beaucoup d'entre eux, ils étaient isolés, on en faisait des exemples, on les transformait en paraboles vivantes de la diversité. Ils étaient des symboles et des marqueurs, jamais des enfants ou de jeunes adultes. Ils venaient donc à Howard pour être normaux – mieux : pour mesurer l'étendue et la variété de la normalité noire.

Prince n'a pas essayé d'entrer à Harvard, ni à Princeton, ni à Yale, ni à Columbia, ni à Stanford. Il ne voulait que La Mecque. J'ai demandé au docteur Jones si elle regrettait que Prince ait choisi Howard. Elle a sursauté, comme si j'avais appuyé trop fort sur une plaie. « Non, a-t-elle répondu. Je regrette qu'il soit mort. »

Elle a dit ça avec un grand calme, et une douleur encore plus grande. Elle l'a dit avec toute la force et la détermination exigée par la grande blessure américaine. Est-ce que tu as déjà bien regardé ces images des *sit-in* des années 1960, vraiment bien regardé ? Est-ce que tu as déjà observé attentivement ces visages ? Ils ne sont ni en colère, ni tristes, ni joyeux. Ils ne trahissent presque aucune émotion. Ils regardent plus loin que leurs persécuteurs, plus loin que nous, vers un point de focale distant et inconnu. Je crois qu'ils sont attachés à leur dieu, un dieu que je ne connais pas et en lequel je ne crois pas. Mais, dieu ou pas, ils sont protégés par une armure, une armure bien réelle. Ou peut-être n'est-ce pas une armure du tout. Peut-être est-ce une extension de leur vie, une sorte de franchise, qui permet de supporter toutes les agressions et de ne payer la dette que plus tard. Quoi qu'il en soit, le regard que tu peux observer sur ces photos, ce regard noble et vide, c'était celui que je voyais chez Mabel Jones en cet instant. Ses yeux marron perçants s'emplissaient de larmes mais la digue ne cédait pas. Elle gardait le contrôle de tant de choses – et j'étais persuadé que les jours qui avaient suivi le pillage du corps de son Rocky, le vol de sa descendance, ne lui avaient pas demandé moins d'efforts.

Elle ne pouvait pas compter sur son pays pour obtenir de l'aide. Pour son fils, le pays du docteur Jones faisait ce qu'il savait faire le mieux – il l'oubliait. L'oubli est une habitude, c'est un autre composant nécessaire du Rêve. Ils ont oublié l'ampleur du vol qui les a enrichis grâce à l'esclavage ; la terreur qui leur a permis, pendant un siècle, de bourrer les urnes ; la politique ségrégationniste qui leur a offert leurs belles banlieues. Ils ont oublié, parce que se souvenir les éjecterait hors du Rêve et les forcerait à vivre avec nous, ici-bas, dans le monde. Je suis convaincu que les Rêveurs, au moins les Rêveurs d'aujourd'hui, préféreraient vivre blancs que vivre libres. Dans le Rêve, ils sont Buck Rogers, le prince Aragorn, une race entière de Luke Skywalker[4]. Les réveiller, c'est leur apprendre qu'ils forment un empire d'êtres humains et que, comme tous les empires humains, celui-ci est construit sur la destruction du corps. C'est souiller leur belle noblesse, en faire des gens vulnérables, faillibles, cassables.

Cette nuit-là, le docteur Jones dormait lorsque le téléphone avait sonné. Il était cinq heures du matin et, au bout du fil, un inspecteur lui demandait de venir à Washington. Rocky était à l'hôpital. On lui avait tiré dessus. Elle y était allée en voiture avec sa fille, persuadée qu'il était encore vivant. Elle s'est interrompue plusieurs fois en me racontant ça. Elle était allée directement aux soins intensifs. Rocky n'y était pas. Un groupe d'hommes d'autorité – médecins, avocats, inspecteurs peut-être – l'avait conduite dans une salle et lui avait annoncé qu'il était mort. Elle s'est arrêtée une nouvelle fois dans son récit. Elle ne pleurait pas. Garder son calme était devenu trop important.

« Je n'avais jamais ressenti une chose pareille, m'a-t-elle expliqué. Une douleur physique extrême. Tellement dure qu'à chaque fois qu'un souvenir de lui me venait à l'esprit, je ne pouvais que prier et implorer la pitié. Je pensais que j'allais perdre la tête, devenir folle. Je me sentais malade. J'avais l'impression que j'allais mourir. »

Je lui ai demandé si elle s'était attendue à ce que le policier qui avait tué Prince soit condamné. Elle m'a dit : « Oui. » Sa voix était un cocktail d'émotions. Elle parlait comme une Américaine, avec la même exigence naïve – l'exigence d'équité, quand bien même cette équité serait tardive et délivrée à contrecœur – que celle avec laquelle elle était entrée à l'école de médecine. Elle parlait aussi comme une femme noire, chargée de toute la douleur capable de contredire ces sentiments précis.

Je pensais à présent à sa fille, qui venait récemment de se marier. Il y avait une photo d'elle avec son nouveau mari. Le docteur Jones n'était pas optimiste. Elle s'inquiétait beaucoup à l'idée que sa fille donne naissance à un fils en Amérique, parce qu'elle ne pourrait pas le sauver, elle ne pourrait pas mettre son corps en sécurité, à l'abri de la violence rituelle qui avait eu raison de son fils. Elle comparait l'Amérique à Rome. Elle pensait que les jours de gloire de ce pays étaient passés depuis longtemps, et que même ces jours de gloire étaient souillés : ils avaient été construits sur les corps d'autres gens. « Et personne ne comprend le message, m'a-t-elle dit. Nous ne comprenons pas que nous sommes en train d'étreindre notre propre mort. »

J'ai demandé au docteur Jones si sa mère était encore en vie. Elle m'a répondu qu'elle était décédée en 2002, à quatre-vingt-neuf ans. Je lui ai demandé comment sa mère avait pris la mort de Prince, et sa voix est devenue un demi-murmure, et elle m'a répondu : « Je ne sais pas. »

Elle a fait allusion à *Twelve Years a Slave*. « Lui aussi, m'a-t-elle expliqué en parlant de Solomon Northup, il avait des moyens. Il avait une famille. Il vivait comme un être humain. Et un seul acte raciste a suffi pour tout lui retirer. Pour moi, c'est la même chose. J'ai passé des années à construire ma carrière, à acquérir des biens, à assumer des responsabilités. Et un seul acte raciste. C'est tout ce qu'il faut. » Puis elle a parlé encore de ce qu'elle avait acquis, à force de travail et de talent, au cours de ce long voyage qui l'avait sortie d'une pauvreté écrasante. Elle m'a expliqué comment elle avait éduqué ses enfants dans le luxe – vacances au ski tous les ans, virées en Europe. Elle m'a raconté que quand sa fille étudiait Shakespeare au lycée, elle l'avait emmenée en Angleterre. Et quand cette même fille avait eu son permis à seize ans, une Mazda 626 l'attendait devant la maison. Je voyais bien le lien entre cette volonté de donner et la pauvreté crue de sa jeunesse. Je sentais qu'elle faisait ça autant pour elle que pour ses enfants. Elle m'a expliqué que Prince n'avait jamais pris goût aux choses matérielles. Il aimait lire. Il aimait voyager. Mais lorsqu'il avait eu vingt-trois ans, elle lui avait offert une Jeep avec un gros ruban violet tout autour. Elle le revoyait encore regarder la Jeep et lui dire simplement « Merci, Maman. » Sans la moindre interruption, elle a ajouté : « C'est la Jeep dans laquelle il a été tué. »

Après mon départ, je suis resté immobile dans la voiture quelques minutes. J'ai songé à tout ce que la mère de Prince avait investi en lui, à tout ce qui était perdu. J'ai songé à la solitude qui l'avait poussé vers La Mecque, au fait que La Mecque n'avait pas pu le sauver. Nous n'avions pas pu le sauver. Au bout du compte, nous sommes incapables de nous sauver nous-mêmes. J'ai repensé aux *sit-in*, aux manifestants avec leurs visages stoïques, à ceux que j'avais autrefois critiqués pour avoir lancé leurs corps dans la fange. Peut-être savaient-ils, au fond d'eux, quelque chose de terrible au sujet du monde. Peut-être se maintenaient-ils volontairement à l'écart de la sécurité et de la sainteté du corps noir parce que ni la sécurité ni la sainteté n'avaient jamais existé. Et toutes ces vieilles photographies des années 1960, tous ces films où j'avais vu des Noirs prostrés devant les bâtons et les chiens, n'étaient pas seulement honteux, en fait ils n'étaient pas honteux du tout – ils étaient simplement vrais. Nous sommes en captivité, mon frère, encerclés par les bandits majoritaires de l'Amérique. Tout ça s'est passé ici, dans notre seul pays, et la terrible vérité est que nous ne pouvons pas nous en évader par notre seule volonté. Peut-être que c'était ça, que c'est ça, l'espoir du Mouvement : réveiller les Rêveurs, leur faire brusquement prendre conscience de leur besoin d'être blanc, de parler comme s'ils étaient blancs, de penser qu'ils sont blancs – ce qui revient à penser qu'ils sont exempts des défauts de l'humanité – et de l'impact que ce besoin a eu sur le monde.

Mais tu ne peux pas organiser ta vie autour d'eux ni autour de ce mince espoir de voir un jour les Rêveurs prendre conscience. Notre marge de manœuvre est trop étroite. Nos corps sont trop précieux. Tu es là, ici et maintenant, et tu dois vivre – il y a tant de choses qui valent la peine d'être vécues, pas seulement dans un pays peuplé par d'autres, mais aussi dans ton pays à toi. La chaleur des énergies sombres qui m'a mené vers

La Mecque, qui a attiré Prince Jones, cette chaleur propre à notre monde particulier, elle est belle, quelles que soient sa brièveté et sa fragilité.

Je repense à ce week-end de réunion des anciens élèves. Je repense à ces bouffées d'enthousiasme qui nous soulevaient. Nous étions en train d'assister au traditionnel match de football américain[5], assis dans les gradins avec de vieux amis et leurs enfants, inattentifs aux pertes de balle et aux différentes phases de jeu. Je me souviens avoir regardé vers les poteaux et vu un groupe d'anciennes *cheerleaders*, ces pom-pom girls tellement amoureuses de l'université Howard qu'elles avaient revêtu leurs anciens costumes, un peu retouchés pour pouvoir entrer dedans. Je me souviens qu'elles dansaient. Elles remuaient, s'arrêtaient, remuaient à nouveau, et quand la foule s'était mise à hurler : « Vas-y ! Vas-y ! Vas-y ! Vaaas-y ! », une femme noire, deux rangées devant moi, dans son jean le plus serré, s'était levée et avait commencé à remuer les hanches, comme si elle n'était pas une maman, et comme si les vingt dernières années de sa vie avaient à peine duré une semaine. Je me rappelle être allé à la fête d'avant-match sans toi. Je ne pouvais pas t'y emmener, mais je peux sans problème te raconter ce que j'y ai vu : toute la diaspora autour de moi – les arnaqueurs, les avocats, les Kappa, les emmerdeurs, les médecins, les coiffeurs, les Delta, les poivrots, les geeks et les nerds. Le DJ braillait dans son micro. Les jeunes s'avançaient vers lui en poussant. Un jeune homme avait sorti une bouteille de cognac et dévissé le bouchon. Une fille qui était avec lui avait souri, penché la tête en arrière, bu, rigolé. Et j'avais l'impression de me fondre et de disparaître à l'intérieur de tous leurs corps. La marque de naissance de la damnation s'effaçait, je sentais le poids de mes bras, j'entendais l'air passer dans ma gorge. Je ne parlais pas, parce que c'était inutile.

C'était un moment joyeux, au-delà du Rêve – un moment empreint d'un pouvoir plus formidable que n'importe quel projet de loi sur le droit de vote. Ce pouvoir, ce pouvoir noir, tient son origine dans une vue de la galaxie américaine prise d'une planète sombre et essentielle. Le pouvoir noir, le *black power*, c'est la vue de la plantation de Monticello[6] à partir du cachot – c'est-à-dire la vue prise au cœur de la lutte. Le pouvoir noir donne naissance à une forme de compréhension qui illumine toutes les galaxies, leur donne leurs couleurs les plus vraies. Même les Rêveurs – perdus dans leur grande rêverie – le ressentent, car quand ils sont tristes c'est Billie Holiday qu'ils veulent étreindre, ce sont les mots de Mobb Deep qu'ils braillent pour se pavaner, ce sont les rimes des Isley[7] qu'ils susurrent quand ils aiment, c'est Dre qu'ils hurlent quand ils font la fête, et Aretha est le dernier son qu'ils entendent avant de mourir. Nous avons réalisé quelque chose ici-bas. Nous avons pris les lois *one-drop*[8] des Rêveurs et les avons retournées. Ils ont fait de nous une race. Nous avons fait de nous-mêmes un peuple. Ici, à La Mecque, meurtris par la sélection, nous avons créé un foyer. Comme le font les Noirs qui organisent l'été des fêtes de quartier au milieu des seringues, des ampoules et des marelles tracées sur le sol. Comme le font les Noirs qui dansent dans les *rent parties*[9], comme le font les Noirs dans leurs réunions de famille où on les considère comme les survivants d'une catastrophe. Comme le font les Noirs qui trinquent avec leur cognac et leurs bières allemandes, font tourner des pétards et s'engueulent avec les MC[10]. Comme le font tous ceux d'entre nous qui ont fait le grand voyage qui mène de la mort à la vie sur nos rivages.

C'était ce pouvoir, chargé d'amour, qui avait attiré Prince Jones. Ce pouvoir n'est pas une divinité, mais une connaissance profonde de la grande fragilité de toute chose – même du Rêve, surtout du Rêve. Assis au volant de ma voiture, je repensais aux prédictions de ruine nationale du docteur Jones. J'avais entendu de telles prédictions toute ma vie, elles venaient de Malcolm et de tous ses disciples posthumes qui proclamaient que les Rêveurs allaient devoir récolter ce qu'ils semaient. Je percevais le même genre de prédiction dans les paroles de Marcus Garvey, qui promettait de revenir à la tête d'une horde d'ancêtres prêts à en découdre, une armée de morts-vivants du Passage du milieu. Non. Je suis sorti de La Mecque en sachant que tout ça était bien trop simpliste, en sachant que si les Rêveurs devaient récolter ce qu'ils avaient semé, nous le récolterions avec eux. Le pillage a mûri, il est devenu une habitude, une addiction ; les gens qui avaient conçu l'entreprise mécanique de mise à mort dans les ghettos, le viol de masse dans les prisons privées, et leur propre capacité à l'oubli, ces gens devaient forcément continuer à piller. Ce n'est pas croire en une prophétie, c'est croire en l'attrait de l'essence bon marché.

Autrefois, les paramètres du Rêve étaient limités par la technologie, la puissance des machines et du vent. Mais les Rêveurs se sont améliorés, et les barrages électriques construits sur la mer, l'extraction du charbon, la transmutation du pétrole en nourriture ont permis une expansion sans précédent du pillage. Cette révolution a libéré les Rêveurs et leur a permis de piller non seulement les corps humains, mais aussi le corps de la terre elle-même. La terre n'est pas notre création. Elle n'a pas de respect pour nous. Nous ne lui sommes d'aucune utilité. Et sa vengeance, ce n'est pas le feu dans la ville, mais le feu dans le ciel. Quelque chose de bien plus féroce que ce que Marcus Garvey prédisait avec sa horde d'ancêtres. Quelque chose de bien plus terrible que tous nos ancêtres africains réunis monte comme la marée. Ces deux phénomènes se font écho. C'est le coton qui passait entre nos mains enchaînées qui a inauguré cette ère. C'est l'exode des classes moyennes blanches, leur fuite le plus loin possible de nous, qui les a fait envahir la campagne pour y tracer leurs banlieues au cordeau. Et pour se déplacer au sein de ces nouvelles subdivisions, dans toute cette étendue, il y a l'automobile, ce nœud coulant passé autour du cou de la terre, et, au bout du compte, des Rêveurs eux-mêmes.

J'ai roulé, m'éloignant de la maison de Mabel Jones, en pensant à tout ça. Je me suis éloigné, comme toujours, en pensant à toi. Je ne crois pas que nous puissions les arrêter, Samori, car au bout du compte ils vont devoir s'arrêter eux-mêmes. Pourtant je t'engage à lutter. Lutte en mémoire de tes ancêtres. Lutte pour la sagesse. Lutte pour la chaleur de La Mecque. Lutte pour ta grand-mère et ton grand-père, pour ton nom. Mais ne lutte pas pour les Rêveurs. Pour eux, contente-toi d'espérer. Prie pour eux, si ça t'inspire. Mais ne lutte pas pour leur conversion. Les Rêveurs devront apprendre à lutter eux-mêmes, à comprendre que le terrain de leur Rêve, la scène sur laquelle ils se sont peinturlurés en blanc, est notre lit de mort à tous. Le Rêve, c'est cette mauvaise habitude qui met la planète en danger, cette mauvaise habitude qui entasse nos corps dans des prisons et des ghettos. Je les ai vus, ces ghettos, alors que je revenais de chez le docteur Jones. C'étaient les mêmes ghettos que ceux que j'avais vus à Chicago tant d'années auparavant, les mêmes ghettos que ceux dans lesquels ma mère et mon père avaient grandi. À travers le pare-brise, je voyais les marques du ghetto – l'abondance d'instituts de beauté, d'églises, de *liquor stores* et de maisons délabrées – et j'ai ressenti cette peur ancienne. À travers le pare-brise, je voyais la pluie tomber à verse.

Notes du traducteur

I

1. Extrait de la dernière phrase du Discours de Gettysburg (en anglais, *Gettysburg Address*), prononcé le 19 novembre 1863 lors de la cérémonie de consécration du champ de bataille. À Gettysburg, quelques mois auparavant, la bataille avait fait 51 000 morts parmi les soldats des deux camps. Ce discours d'Abraham Lincoln est devenu l'un des textes les plus importants du patrimoine historique américain, transmis notamment aux collégiens et lycéens.

2. En anglais, « les gens » et « le peuple » sont désignés par le même mot au singulier, *people*.

3. Le Passage du milieu désigne la deuxième étape du commerce triangulaire, c'est-à-dire le voyage des esclaves de l'Afrique vers l'Amérique. Au cours de la première étape, les bateaux, chargés de marchandises, quittaient l'Europe pour l'Afrique, où les marchandises étaient échangées contre des esclaves. À leur arrivée en Amérique, les esclaves étaient alors vendus ou échangés contre des matières premières et les bateaux revenaient en Europe, au cours de la troisième et dernière étape du cycle.

4. La Piste des larmes est le nom donné à la déportation de plusieurs tribus amérindiennes par les États-Unis entre 1831 et 1838, en application de l'Indian Removal Act. Les terres indiennes deviennent ainsi ouvertes à la colonisation, tandis que les peuples déportés s'installent à l'ouest du Mississippi.

5. *White privilege* : ensemble des situations de la vie sociale qui favorisent les Blancs.

6. Jour férié, dernier lundi du mois de mai. Il honore le souvenir des militaires américains morts au combat.

7. Gwynn Oak Avenue, Liberty Road, Cold Spring Lane, Park Heights Avenue : axes du nord-ouest de Baltimore, tout comme Mondawmin Mall, grand centre commercial situé sur Liberty Heights Avenue. Russell : célèbre marque de sweat-shirts – commercialisant notamment le fameux sweat à capuche ou *hoodie* – créée en 1920 dans l'Alabama.

8. Chaîne de supermarchés de quartier omniprésente aux États-Unis.

9. Les *projects* sont les quartiers de logement social (*public housing*) créés à l'origine pour loger les personnes les plus démunies et qui se sont rapidement transformés en ghettos. Ils se présentent sous la forme de barres d'immeubles parfois immenses. Ce sont les équivalents des « cités » des banlieues françaises.

10. Arbuste toxique poussant en Amérique du Nord, provoquant démangeaisons et éruptions cutanées.

11. Sitcom diffusée entre 1985 et 1990 sur la chaîne ABC. Le personnage principal, qui donne son nom à la série, est un majordome anglais distingué intégrant une famille de la classe moyenne américaine.

12. En physique, la vitesse de libération (en anglais, *velocity of escape*, qui pourrait également se

traduire par « vitesse d'évasion ») est la vitesse que doit atteindre un objet pour échapper à l'attraction d'un astre – par exemple de la Terre – et s'en éloigner indéfiniment.

13. Le *rap game* (le « jeu du rap »), c'est à l'origine la compétition saine entre rappeurs, qui crée l'émulation ; par extension, c'est l'univers du rap.

14. Le *base jump* est un sport extrême consistant à sauter en parachute d'un point fixe (pont, antenne, falaise, etc.).

15. Parrain, terme emprunté à l'italien et à la mafia.

16. Maîtrise (totale) des codes de la rue. Anglicisme hybride, l'expression vient du rap.

17. Centre de loisirs de Baltimore abritant notamment une patinoire.

18. Les lycéens américains doivent pouvoir montrer un badge en cas de contrôle quand ils sont dans les couloirs pendant les heures normales de cours.

19. *Ecstasy, coke, you say it's love, it is poison / Schools where I learn they should be burned, it is poison*

20. Mad Dog et Cisco sont deux marques de vin fortifié.

21. Il s'agit du *Black History Month*, le Mois de l'histoire des Noirs.

22. Les *freedom riders* (« voyageurs de la liberté ») étaient des militants du Mouvement des droits civiques qui voyageaient dans des bus inter-États afin de tester en pratique la très récente illégalité de la ségrégation dans les transports. Le premier voyage partit de Washington le 4 mai 1961. Avant leur arrivée prévue à La Nouvelle-Orléans, les militants furent arrêtés dans les États du Sud sous prétexte qu'ils violaient les lois Jim Crow. Le *Freedom Summer* désigne, lui, la campagne menée dans le Mississippi pendant l'été 1964 pour faire s'inscrire les Noirs sur les listes électorales.

23. « *Message to the Grass Roots* ».

24. « *The Ballot or the Bullet* ».

25. Nat Turner (1800-1831) mena en 1831 une brève révolte d'esclaves en Virginie, qui fut le prétexte à un durcissement des lois esclavagistes. Après l'échec de la révolte, réprimée dans le sang, il fut condamné à mort puis pendu le 11 novembre. Harriet Tubman (1820-1913) était une militante abolitionniste, surnommée Moïse noire car elle permit l'évasion de nombreux esclaves. Nanny (env. 1685-env. 1755), ou la Reine Nanny, est une héroïne nationale jamaïcaine, figure emblématique de la résistance des marrons (esclaves évadés) au XVIIIe siècle. Cudjoe (env. 1680-env. 1744) était un des meneurs des marrons jamaïcains à la même époque.

26. Manifestation organisée le 16 octobre 1995 à Washington par le mouvement afro-américain, en particulier par Louis Farrakhan, chef de la Nation of Islam. Elle regroupa entre cinq cent mille et un million de personnes avec comme objectif d'attirer l'attention des partis politiques sur la situation des Noirs américains.

27. « *Let me live my life, if we can no longer live our life, then let us give our life for the liberation and salvation of the black nation.* »

28. Série télévisée et documentaire de quatorze heures sur le Mouvement des droits civiques.

29. Fred Hampton (1948–1969) et Mark Clark (1947–1969) étaient membres des Black Panthers. Ils furent assassinés par la police de Chicago et le FBI le 4 décembre 1969, lors d'un raid mené à l'aube, pendant que Hampton dormait et que Clark montait la garde devant la maison.

30. Un soulèvement de détenus de la prison d'Attica, dans l'État de New York, eut lieu du 9 au 13 septembre 1971. La « mutinerie d'Attica », organisée principalement par des détenus noirs en réaction à l'assassinat de George Jackson, militant

des Black Panthers, se termina dans un bain de sang par l'assaut de la police et de la garde nationale de l'État de New York. Stokely Carmichael (1941-1998), également connu sous le nom de Kwame Touré pendant sa période africaine (*cf.* note 37), était un militant noir américain originaire de Trinité-et-Tobago, dirigeant du Comité de coordination des étudiants non violents et membre des Black Panthers.

31. COINTELPRO était le nom du programme de contre-renseignement (COunter INTELligence PROgram) mené de 1956 à 1971 par le FBI de John Edgar Hoover. Le programme ciblait les organisations politiques dissidentes, parmi lesquelles les Black Panthers ou le Parti communiste des États-Unis d'Amérique, mais aussi les groupes non violents militant pour les droits civiques et le Mouvement des Indiens d'Amérique, ou encore les mouvements racistes et violents, tels que le Ku Klux Klan ou le Parti nazi américain.

32. Exode des Noirs ayant accédé à la classe moyenne vers les banlieues pavillonnaires blanches et plus aisées. Le *black flight* tire son nom du *white flight*, l'exode, quelques décennies auparavant, des classes moyennes blanches vers les banlieues (marquant même souvent la création desdites banlieues) pour fuir les quartiers populaires à dominante de population noire. Rappelons qu'aux États-Unis, les « banlieues » désignent presque systématiquement des quartiers pavillonnaires aisés.

33. Société honorifique présente dans près de trois cents établissements d'enseignement supérieur américains, constituée d'étudiants ayant particulièrement brillé, élus par leurs pairs après candidature.

34. Série d'arrêtés et de règlements promulgués en général dans les États du Sud des États-Unis entre 1876 et 1965, et qui institutionnalisaient la

ségrégation raciale dans les lieux et services publics, notamment les écoles, les trains et les bus.

35. Nom usuel donné aux États confédérés d'Amérique, nés de la sécession des États du Sud en 1861, qui déclencha la guerre. La Confédération, dont le président était Jefferson Davis, exista de 1861 à 1865 avant d'être dissoute *de facto* après la fin de la guerre de Sécession, qui marqua sa réintégration dans l'Union.

36. La « Ville Chocolat », parfois surnommée ainsi en raison de l'importante proportion de Noirs dans sa population.

37. Charles Drew (1904-1950), chirurgien et chercheur ; Amiri Baraka (1934-2014), dramaturge, écrivain et essayiste ; Thurgood Marshall (1908-1993), juriste, membre de la Cour suprême de 1967 à 1991 ; Ossie Davis (1917-2005), acteur, producteur, réalisateur et scénariste ; Douglas Wilder (1931-), homme politique, ancien gouverneur de l'État de Virginie ; David Dinkins (1927-), homme politique, ancien maire de New York ; Lucille Clifton (1936-2010), poétesse et éducatrice ; Toni Morrison (1931), romancière, éditrice et professeur ; Kwame Touré, nom pris par Stokely Carmichael (*cf.* note 30) après son arrivée en Guinée.

38. Ausar-Auset Society : organisation religieuse panafricaine fondée en 1973 par Ra Un Nefer Amen. Elle est basée à Brooklyn (New York) et dispose de chapitres dans plusieurs grandes villes des États-Unis. Elle fournit une formation spirituelle d'inspiration afrocentrique à la communauté afro-américaine et aux membres de la diaspora africaine.

39. Église baptiste, non affiliée à une branche particulière du christianisme, rassemblant des gens « dans un esprit d'unité pour célébrer Jésus ». Elle

est située dans la ville de Laurel (Maryland), entre Washington et Baltimore.

40. Toni Morrison (1931), écrivaine, Zora Neale Hurston (1891–1960), écrivaine, folkloriste et anthropologue ; Sterling Brown (1901–1989), professeur, écrivain et critique littéraire ; Kenneth Clark (1914–2005), psychologue et militant du Mouvement des droits civiques.

41. Discipline sportive de saut à la corde.

42. bell hooks (1952), intellectuelle, féministe et militante, spécialiste des relations entre race, classe et genre.

43. Sonia Sanchez (1934), poétesse.

44. Principe de classification raciale selon laquelle une personne comptant dans son ascendance au moins un ancêtre d'origine subsaharienne (« une seule goutte de sang noir », *one drop of black blood*) était considérée comme noire. Ce principe « tacite » fut ensuite codifié dans la loi au XXᵉ siècle.

45. Personnage de fiction, sorte de mélange entre Robin des Bois et Zorro. Icône de la culture populaire américaine, le Lone Ranger se bat contre l'injustice dans l'univers du western avec l'aide de Tonto, son fidèle ami indien.

46. « La destruction de la civilisation noire ».

47. « Micro ouvert ». Soirées où tout le monde peut participer, monter sur scène.

48. « Le Passage du milieu ».

49. *Cf.* note 3.

50. « *You cannot stare that hatred down
or chain the fear that stalks the watches* »

51. Stéréotype raciste devenu répandu après la publication du livre pour enfants *The Story of Little Black Sambo* (« L'Histoire du petit Noir Sambo ») de Helen Bannerman (1898). Il dépeint les Noirs comme perpétuellement heureux, rigolards, fainéants et inconscients.

52. Ici, l'auteur utilise l'expression intraduisible « *the invention of racecraft* », qui renvoie aux travaux de deux chercheuses américaines, Karen E. Fields et Barbara J. Fields, respectivement sociologue et historienne. Dans leur ouvrage *Racecraft: The Soul of Inequality in American Life*, elles expliquent que la race n'est pas un fait ontologique préfigurant un racisme « naturel », mais qu'elle est au contraire fabriquée, comme une illusion, par le racisme. Le suffixe *-craft* désigne en anglais l'artisanat, la fabrication.

53. Le *spring break* est la semaine de vacances de printemps durant laquelle les étudiants relâchent traditionnellement la pression dans de grandes fêtes parfois orgiaques. Freaknik se tenait à Atlanta, de 1982 à 1999, avant d'être délocalisée à Daytona. Elle était la principale manifestation du *spring break* pour les étudiants afro-américains.

54. Équivalent de l'essai de rugby en football américain.

55. Album de Bob Marley and the Wailers.

56. Bad Boy Records, maison de disques de rap fondée en 1993 par Puff Daddy et produisant notamment The Notorious B.I.G. (Biggie).

57. Morceaux de The Notorious B.I.G.

58. Derrick Bell (1930–2011), professeur à Harvard, l'un des créateurs de la *critical race theory* (théorie critique raciale).

II

1. L'auteur fait ici allusion au phénomène du *white flight* : l'exode, à partir du milieu du XXe siècle, des classes moyennes blanches les plus aisées fuyant le centre des villes, et plus particulièrement les quartiers à forte population noire, pour s'installer en

périphérie dans des banlieues pavillonnaires. *Cf. black flight*, note 32.

2. *World Book Encyclopedia* : encyclopédie en plusieurs volumes spécialisée dans le champ des sciences, des techniques et de la médecine. *Childcraft* est une encyclopédie publiée par le même éditeur mais conçue pour les enfants.

3. Magasin d'articles de sport et de chaussures.

4. Frank Ski, animateur de radio et disc-jockey à Baltimore jusqu'en 1996, puis à Atlanta.

5. *Izzy et Sam* (*Crossing Delancey*), comédie romantique de Joan Micklin Silver (1988). *Diamants sur canapé* (*Breakfast at Tiffany's*), comédie de Blake Edwards (1961). *Working Girl*, comédie de Mike Nichols (1988). Nas est un rappeur et le Wu-Tang Clan un groupe de rap.

6. Traiteur et épicerie.

7. *Breakdancers* : danseurs hip-hop. *Battles* : concours de danse sur le modèle du tournoi et du duel.

8. Voir note n° 21.

9. Jackie Robinson (1919–1972), ancien joueur professionnel de base-ball. En 1947, il devient le premier Noir à jouer en Major League en dépit de l'interdiction tacite des propriétaires de clubs, qui s'appuyaient depuis soixante ans sur les décisions de la Cour suprême pour empêcher les joueurs noirs d'accéder à ce niveau. Militant égalitariste, affrontant le racisme virulent de son milieu, il ouvre par ses actions et prises de position la voie au Mouvement des droits civiques.

10. Lieux emblématiques de la guerre de Sécession, situés en Virginie.

11. Onzième Président des États-Unis, de 1845 à 1849. Sous son mandat, les États-Unis s'agrandissent de l'Oregon et conquièrent la Californie et le Nouveau-Mexique après la guerre américano-mexicaine.

12. Parc du centre de Washington, s'étendant du Capitole au Washington Monument. Il est bordé de très nombreux monuments historiques et musées.

13. Faulkner, W., *L'Intrus*, traduction de R.-N. Raimbault revue par Michel Gresset, Gallimard.

14. Ancien combattant de l'armée sudiste, chercheur d'or en Arizona, John Carter est le héros du deuxième roman d'Edgar Rice Burroughs, *Une princesse de Mars* (également publié en français sous les titres *Le Conquérant de la planète Mars* et *Les Conquérants de Mars*).

15. Il s'agit donc d'une police locale, la police du comté, à peu près équivalente aux polices municipales françaises.

16. Quartier de l'ouest de Chicago.

17. Le mot est à comprendre au sens propre : le détachement du corps.

18. Rappeur américain, membre du Wu-Tang Clan.

19. Les « Indiens d'Amérique » sont aujourd'hui souvent appelés *Native Americans* aux États-Unis.

20. James Baldwin (1924–1987), écrivain, romancier, poète, auteur de nouvelles, de théâtre et d'essais. Il s'installe à Paris en 1948 et meurt en France, à Saint-Paul-de-Vence. Richard Wright (1908–1960), écrivain et journaliste, a rencontré Sartre et Camus à Paris où il s'est réfugié dès 1946 pour fuir le maccarthysme.

21. « *I'm just a playa like that, my jeans was sharply creased / I got a fresh white T-shirt and my cap is slightly pointed east.* »

22. Voir note 12.

III

1. À Noël, le bas suspendu au sapin (en fait, une grosse chaussette fourrée similaire à celles que porte le Père Noël) est l'équivalent anglo-saxon de la tradition française des souliers.

2. Chanson des Commodores sortie en 1978.

3. Littéralement, « école aimant ». Une *magnet school* est une école publique disposant de moyens financiers supplémentaires, généralement située dans un quartier difficile. Elle permet de développer la mixité sociale.

4. Héros positifs de la fiction américaine. Buck Rogers est un justicier évoluant dans un univers de science-fiction et d'exploration spatiale, Aragorn est un personnage central du *Seigneur des anneaux*. Luke Skywalker est l'un des personnages principaux de la saga *Star Wars*.

5. Lors du *homecoming*, week-end de réunion des anciens élèves d'une université, a traditionnellement lieu un match de football américain.

6. Résidence et plantation de Thomas Jefferson, en Virginie.

7. Isley Brothers.

8. *Cf.* note 44.

9. Une *rent party* (« fête du loyer ») est une fête organisée pour réunir les fonds nécessaires à quelqu'un pour payer son loyer.

10. *Master of ceremony* (« maître de cérémonie »), terme désignant un rappeur.

Biographie de l'auteur

Ta-Nehisi Coates est né en 1975 à Baltimore. Écrivain et journaliste, il est correspondant à *The Atlantic* et couvre les affaires nationales, notamment les questions sociales et les violences raciales. Il a collaboré dans le passé à *The Village Voice* et occasionnellement pour *The New York Times et The Washington Post*. Classé n° 1 des voix politiques les plus influentes (*The Root's Annual Black Feature*), il a reçu le Prix Hillman pour le journalisme d'opinion et d'analyse en 2012, le prestigieux George Polk Award en 2014 pour son texte, *The Case for Reparations*. En 2008, il publie *The Beautiful Struggle* chez Spiegel & Grau.

Paru en juillet 2015 aux États-Unis, *Between the World and Me* est un phénomène de société, applaudi par le public et de nombreuses personnalités de premier rang. Le livre a obtenu le prestigieux prix américain, le National Book Award.

11636

Composition
NORD COMPO

Achevé d'imprimer en Espagne
par CPI (Barcelone)
le 4 décembre 2016.

Dépôt légal janvier 2017.
EAN 9782290134245
OTP L21EPLN002060N001

ÉDITIONS J'AI LU
87, quai Panhard-et-Levassor, 75013 Paris

Diffusion France et étranger : Flammarion